ながさき 開港450年 めぐり

田川憲の版画と歩く 長崎の町と歴史

下妻みどり

●居留地の海

長崎文献社

ながさき
開港450年
めぐり

田川憲の版画と歩く
長崎の町と歴史

【はじめに】

二〇二二年。長崎の港が開かれて、四百五十年。

いつも東洋と西洋の出会いの場であった長崎は、キリシタンの町として始まり、鎖国時代は海外への窓口として栄え、開国ののちは近代産業都市となりました。幾重にも刻まれた歴史は、禁教や原爆の悲劇もあわせ、日本と世界の姿を映す鏡でもあります。その道のりを、時の流れに沿ってたどる五つのコースを編んでみました。長崎の時代と風景を描いた田川憲の版画、そして文章とともに、この町と港の「四百五十年」を歩いてみませんか。

●長崎古地図（毛筆による古版画の写し『長崎 東山手十二番館』より）

【目次】

ながさき
開港450年
めぐり

田川憲の版画と歩く
長崎の町と歴史

●季節風の港（神埼鼻より）

※本文中の写真はすべて著者撮影
●表紙　三菱炭砿社桟橋街灯／笛吹き船首像

(2021年現在)

ながさき開港450年めぐり

田川憲の版画と歩く長崎の町と歴史

コース①
開港前夜～二十六聖人殉教

コース②
「小ローマ」から鎖国へ

コース③
鎖国時代と和華蘭文化

コース④
開国～信徒発見～近代化～原爆

コース⑤
終戦～復興～現代

【注意事項】

各コースは「1日かけてゆっくり回る」ことを想定していますが、2回、3回に分けても、もちろんかまいません。その際も、別の時代のポイントを混ぜないよう、できるだけコースの順に沿ってください。交通量の多いところもありますので、安全と体調に気をつけながら、ご自分のペースで歩いてみてください。

【ながさき開港450年年表】

（戦国時代）
長崎甚左衛門が城と屋敷を構える
一五四三（天文十二） ポルトガル人が種子島に上陸。鉄砲伝来
一五四九（天文十八） ザビエル来日。キリスト教伝来
一五五〇（天文十九） ポルトガル船が平戸に来航
一五六一（永禄四） 平戸でポルトガル人殺害事件（宮ノ前事件）
一五六二（永禄五） 大村純忠、横瀬浦を開く。ポルトガル船来航
一五六三（永禄六） 大村純忠が受洗。横瀬浦焼き討ちにあう
一五六五（永禄八） 大村純忠、福田を開く
一五六七（永禄十） ルイス・デ・アルメイダが長崎で布教
ポルトガル船が口之津に来航
一五六九（永禄十二） 長崎初の教会、トードス・オス・サントス教会
建てられる

【コース①／開港前夜～二十六聖人殉教】

◉長崎開港

一五七一（元亀二） ポルトガル船が長崎に来航
一五八〇（天正八） 大村純忠が長崎と茂木をイエズス会に寄進
一五八二（天正十） 天正遣欧少年使節がローマに向けて出発
一五八三（天正十一） 長崎のミゼリコルディアの組が発足
一五八四（天正十二） 有馬晴信が浦上をイエズス会に寄進
一五八七（天正十五） 大村純忠没
豊臣秀吉、伴天連追放令を布告
長崎・茂木・浦上を直轄地に
一五九〇（天正十八） 天正遣欧少年使節が帰国
一五九二（文禄元） 長崎奉行所置かれる
村山等安が長崎代官になる
一五九七（慶長元） 二十六聖人の殉教。ルイス・フロイス没

【コース②／「小ローマ」から鎖国へ】

一六〇〇（慶長五） オランダ船リーフデ号が豊後（大分）に漂着
一六〇五（慶長十） 長崎村が天領となり長崎甚左衛門は退去

一六九八（元禄十一） 長崎会所できる。元禄の大火で二十二町が焼ける
一七〇〇（元禄十三） 深堀騒動起こる
一七一五（正徳五） 正徳新令により、箇所銀・竈銀が制度化される

◉開港二〇〇年

一八〇八（文化五） フェートン号事件起こる
一八二三（文政六） シーボルト来日。翌年、鳴滝塾を開く
一八二六（文政九） シーボルト、江戸参府に同行し、多くの資料を収集する
一八二八（文政十一） シーボルト事件起こる。翌年追放される
一八四一（天保十二） 高島秋帆が江戸の徳丸ヶ原で砲術の演習を行う
一八五三（嘉永六） ペリーが浦賀に来航。ロシア使節プチャーチン、長崎に来航
一八五五（安政二） 日蘭和親条約調印。海軍伝習所開設
一八五六（安政三） 浦上三番崩れ起こる
一八五八（安政五） オランダ商館廃止。絵踏みが廃止される
一八五九（安政六） 長崎、神奈川、函館が開港。居留地の造成が始まる

【コース④／開国～信徒発見～近代化～原爆】

一八六一（文久元） 長崎製鉄所、小島養生所開設
一八六二（文久二） 二十六聖人がローマで列聖される
一八六五（慶応元） 信徒発見。グラバーの蒸気機関車走行。亀山社中結成
一八六七（慶応三） 浦上四番崩れ。箇所銀と竈銀の廃止
一八六八（明治元） 長崎奉行退去。浦上キリシタン配流。日本初の鉄橋できる

◉開港三〇〇年

一八七二（明治五） 明治天皇の長崎巡幸。島原町は万才町に
一八七三（明治六） キリシタン禁制の高札が撤去される
一八七七（明治十） 西南戦争が起こり、兵站基地となる
一八九四（明治二十七） 日清戦争始まる。翌年、講和条約調印
一八九九（明治三十二） 居留地が廃止される。要塞区域となる
一九〇四（明治三十七） 日露戦争始まる。翌年、講和条約調印
一九一四（大正三） 浦上天主堂が献堂。第一次世界大戦始まる
一九二〇（大正九） 第一回国勢調査。長崎市の人口は十七万六千五百三十四人
（九州で第一位、全国で第七位）
一九二二（大正十一） 出島和蘭商館跡、シーボルト宅跡、高島秋帆邸が
国指定の史跡になる

一六〇九（慶長十四）　平戸にオランダ商館開設
一六一二（慶長十七）　岡本大八事件が起こり、有馬晴信斬首
伊東マンショ没
一六一三（慶長十八）　伊達政宗による慶長遣欧使節が出発
平戸にイギリス商館開設
一六一四（慶長十九）　家康が全国に禁教令を発布
長崎の教会のほとんどが破壊される
村山等安処刑
一六一九（元和五）　村山徳庵、レオナルド木村ら西坂で殉教

◉開港五〇年

一六二二（元和八）　元和の大殉教。スピノラ、モラレスら五十五名処刑
一六二五（寛永二）　諏訪神社再興される
一六二七（寛永四）　雲仙地獄でのキリシタンへの拷問始まる
一六二九（寛永六）　このころ絵踏みが始まる。原マルチノ没
一六三三（寛永十）　中浦ジュリアン殉教。フェレイラ棄教
千々石ミゲル没
一六三四（寛永十一）　眼鏡橋ができる。出島築造開始。くんち始まる
一六三五（寛永十二）　日本人の海外渡航と帰国が禁止される
一六三七（寛永十四）　島原・天草の乱起こる（〜一六三八）
一六三九（寛永十六）　ポルトガル人追放。ポルトガル船は来航禁止に
じゃがたらお春ら混血児とその母親を国外追放
一六四〇（寛永十七）　ポルトガル船来航するも、
使節の多くは処刑。船は焼かれる
一六四一（寛永十八）　平戸のオランダ商館が出島に移転

【コース③／鎖国時代と和華蘭文化】

一六五四（承応三）　隠元禅師が来日
一六六三（寛文三）　寛文の大火で五十七町全焼、六町半焼
長崎奉行所が外浦町に移転

◉開港一〇〇年

一六七三（寛文十三）　イギリス船リターン号が来航
一六八九（元禄二）　唐人屋敷が作られ、中国人が収容される

一九二三（大正十二）　日華連絡船の長崎丸、上海丸が就航
一九三七（昭和十二）　日中戦争始まる
一九三九（昭和十四）　第二次世界大戦始まる
一九四〇（昭和十五）　三菱長崎造船所で戦艦武蔵が進水
一九四五（昭和二十）　八月九日午前十一時二分、長崎に原子爆弾が投下される
死者七万三千八百八十四人、被災戸数一万八千四百九戸

【コース⑤ 終戦〜復興〜現代】

一九四五（昭和二十）　終戦。連合軍進駐
丸山の芸妓が諏訪神社でくんち奉納踊り
一九四九（昭和二十四）　昭和天皇が巡幸。長崎国際文化都市建設法が公布
一九五〇（昭和二十五）　日本観光地百選・都邑の部で、長崎市が全国一位に
一九五五（昭和三十）　国際文化会館、平和祈念像完成
米セントポール市と姉妹都市提携
一九五六（昭和三十一）　三菱長崎造船所の年間進水量が世界一に
一九六二（昭和三十七）　二十六聖人列聖百周年。記念館と聖堂が完成
長崎市公会堂完成
一九六八（昭和四十三）　長崎市営球技場が松山町に開設。翌年、国体開催
一九七〇（昭和四十五）　長崎開港四〇〇年記念祭

◉開港四〇〇年

一九七五（昭和五十）　大村市に長崎空港できる（世界初の海上空港）
一九七八（昭和五十三）　長崎市が特定不況地域に指定される
一九八一（昭和五十六）　ローマ教皇ヨハネ・パウロ二世が長崎に来訪
一九八二（昭和五十七）　長崎大水害起こる。死者行方不明者二百九十九人
一九八九（平成元）　長崎市市政施行百周年。新長崎漁港開港
一九九〇（平成二）　本島市長銃撃事件起こる。長崎「旅」博覧会開催
一九九四（平成六）　新地中華街の「春節祭」が「長崎ランタンフェスティバル」へ
二〇〇五（平成十七）　長崎市と周辺六町が合併。長崎港に女神大橋が完成
二〇〇六（平成十八）　「長崎さるく博'06」開催（日本初のまち歩き博覧会）
二〇〇七（平成十九）　伊藤市長が選挙期間中に銃撃され死亡
二〇一九（令和元）　ローマ教皇フランシスコが長崎に来訪

◉開港四五〇年

（※「市制百年　長崎年表」「新長崎市史」を参考に作成）

ながさき開港450年めぐり

田川憲の版画と歩く長崎の町と歴史

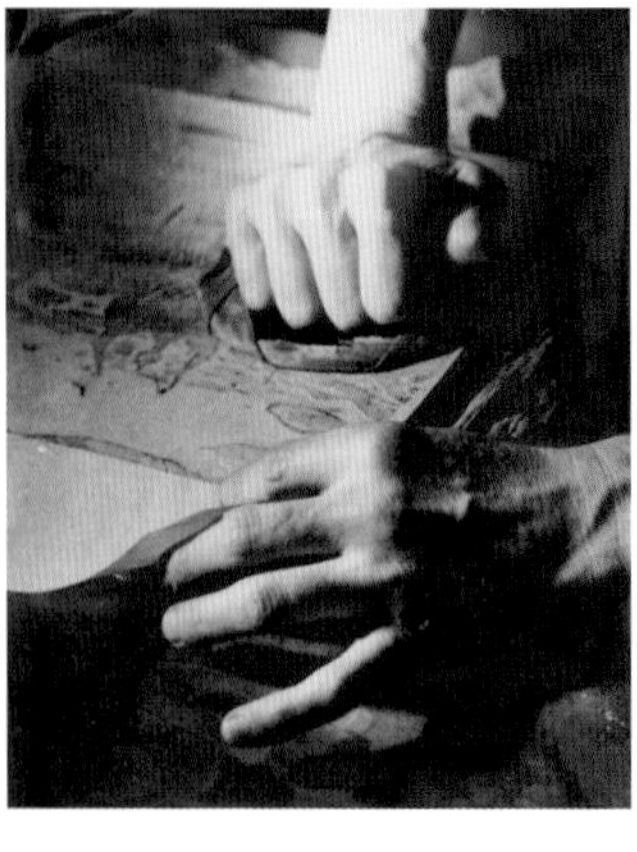

田川憲／Ken Tagawa(1906-1967)

木版画家。長崎への深い思いと詩情あふれる風景を中心に、歴史や文学を題材にした作品も数多く手がける。高い芸術性から「東の棟方志功、西の田川憲」と称される一方、地元での頒布会や菓子店のパッケージデザインなどを通じ、その作品は今なお一般の市民に広く愛されている。明治三十九年長崎生まれ。

※本書に掲載されている版画作品は、特記あるもの以外、すべて田川家の所蔵品です。

コース①

開港前夜〜二十六聖人殉教

●長崎甚左衛門居館跡
←
●春徳寺（東海家の墓、龍頭岩）
←
●新大工町商店街
←
●長崎開港の碑
←
●ナンカミサキ
←
●南蛮船来航の波止場跡
←
●樺島町、五島町
←
●西坂公園（日本二十六聖人殉教地）

GAZAKI
Kén
1960
憲刻

●南蛮渡来綺聞(長崎県美術館蔵)

年表【開港前夜〜二十六聖人殉教】

（戦国時代）　長崎甚左衛門が城と屋敷を構える

一五四三（天文十二）　ポルトガル人が種子島に上陸。鉄砲伝来

一五四九（天文十八）　ザビエル来日。キリスト教伝来

一五五〇（天文十九）　ポルトガル船が平戸に来航

一五六一　（永禄四）　平戸でポルトガル人殺害事件（宮ノ前事件）

一五六二（永禄五）　大村純忠、横瀬浦を開く。ポルトガル船来航

一五六三（永禄六）　大村純忠が受洗。横瀬浦焼き討ちにあう

一五六五（永禄八）　大村純忠、福田を開く。ポルトガル船来航

一五六七（永禄十）　ルイス・デ・アルメイダが長崎で布教

ポルトガル船が口之津に来航

一五六九（永禄十二）　長崎初の教会、トードス・オス・サントス教会が建てられる

【長崎開港】

一五七一　（元亀二）　ポルトガル船が長崎に来航

一五八〇（天正八）　大村純忠が長崎と茂木をイエズス会に寄進

一五八二（天正十）　天正遣欧少年使節がローマに向けて出発

一五八三（天正十一）　長崎のミゼリコルディアの組が発足

一五八四（天正十二）　有馬晴信が浦上をイエズス会に寄進

一五八七（天正十五）　大村純忠没

豊臣秀吉、伴天連追放令を布告。長崎・茂木・浦上を直轄地に

一五九〇（天正十八）　天正遣欧少年使節が帰国

一五九二（文禄元）　長崎奉行所置かれる。村山等安が長崎代官になる

一五九七（慶長元）　二十六聖人の殉教。ルイス・フロイス没

●花十字紋

●南蛮渡来綺聞（部分）

コース①
開港前夜～
二十六聖人殉教
丸尾町
悟真寺
浦
上
川
長崎ブリックホール
茂里町
旭町
202
幸町
206
JR長崎本線
銭座町電停
旭大橋
水辺の森公園
長崎県庁
出島メッセ
尾上町
宝町
宝町電停
銭座町
天神町
元船町
JR長崎駅
八千代町電停
長崎県美術館
出島電停
鉄砲ン玉
長崎駅前電停
日本二十六聖人殉教地
旧県庁跡地
五島町
中町教会
本蓮寺
西坂町
出島和蘭
商館跡
福済寺
新地中華街電停
34
長崎市立図書館
築町
浜町アーケード電停
桜町電停
長崎地方法務局
長崎東高
聖福寺
長崎市役所
大徳寺の大クス
西勝寺
浜町
めがね橋電停
立山
サント・ドミンゴ教会跡資料館／桜町小学校
万屋町
立山公園
長崎歴史文化博物館
眼鏡橋
丸山町
思案橋電停
市民会館電停
長崎公園
長崎市民会館
大音寺
諏訪神社
諏訪町
中島川
馬町
崇福寺電停
西山神社
崇福寺
松森神社
八幡町
興福寺
鍛冶屋町
西山
諏訪神社電停
伊勢宮神社
新大工町
高平町
風頭公園
寺町
新大工町電停
風頭山
伊良林
上野彦馬撮影局跡
亀山社中跡
片淵
長崎大学経済学部
若宮稲荷神社
春徳寺／トードス・オス・サントス教会跡
心田庵
新中川町電停
桜馬場
東海家の墓
古橋
(中川橋)
シーボルト宅跡
鳴滝高
蛍茶屋電停

もともとの長崎 ～開港前夜～

●丸川公園
「長崎開港先覚者之碑」
日本初のキリシタン大名・大村純忠（おおむらすみただ）（1533-1587）と、家臣の長崎甚左衛門（ながさきじんざえもん）（1548?-1622）を顕彰

●ルイス・デ・アルメイダ
渡来記念碑
フランシスコ・ザビエル（1506?-1552）の来日以来、イエズス会宣教師は各地で布教活動を行っていた。アルメイダもそのひとり

●長崎甚左衛門居館跡
道のずっと先に見えるのは、夜景で知られる稲佐山。長崎では、太陽は彦山から昇り、稲佐山に沈む

●彦山

さぁ、四五十年の旅の始まりだ。

まずは時を巻き戻すつもりで路面電車かバスに乗り、彦山を仰ぎ見つつ「新中川町」で降りるといい。長崎の歴史は、一五七一年の開港から語られることが多いが、それ以前から人は暮らしていて、このあたりに小さな村があった。そんな「開港前夜」を歩いてみよう。

◆長崎甚左衛門居館跡～アルメイダの碑

彦山を正面に見て電車通りから一本左に入った通りが、山に囲まれた長崎に入る古くからの道だ。江戸時代には本州に渡る小倉までをつなぐ「長崎街道」だった。その道沿いの桜馬場中学校の敷地が〝もともとの長崎〟を代々治めていた長崎甚左衛門の居館があった場所だ。当時、桜並木と馬場があったことが、地名の由来だという。

中学校の石垣沿いに歩いていく。中学の敷地が途切れたところを右へ曲がると、坂の突き当たりにレリーフが見える。

「1567 LUIS DE ALMEIDA / Medico e Missionario / O primeiro portuues que chegou a Nagasaki 千五百六十七年ルイス・デ・アルメイダこの地に渡来布教す」

「Medico」は「医師」、「Missionario」は「宣教師」、「O primeiro……」以下は「長崎に到着した最初のポルトガル人」。アルメイダ（1525-1583）は、貿易商人からイエズス会修道士となった。医者でもあり、前任地の五島では、領主の病気を治して信頼を得ている。

甚左衛門の村に派遣されたのは「長崎開港」から四年前のことだった。彼を迎えた長崎の人々は、初めて見る西洋人、キリスト教、西洋の医術、すべてに戸惑い、驚いたことだろう。

◆春徳寺（トードス・オス・サントス教会跡）

次に長崎にやってきた宣教師ガスパル・ヴィレラ（1525?-1570）もポルトガル人で、一五六九年、甚左衛門から提供された廃寺に、長崎で初めての「トードス・オス・サントス（諸聖人）教会」を開いた。彼が滞在した二年ほどの間に、当時の長崎の住民千五百人のほぼ全員が信徒になった。教会はいま、春徳寺《しゅんとくじ》というお寺になっている。事前に申し込んでおけば、教会時代に作られたという「外道井《げどうい》」を見ることができる。

墓地のある後山にも、ぜひ寄ってみたい。ほとんどのお墓に道教の神「土神《どじん》」が祀られている。ひときわ広い馬蹄形の墓は、江戸時代の通訳「唐通事《とうつうじ》」だった東海《とうかい》家の墓地だ。

この墓地のある丘一帯は「城の古址《しろのこし》」と呼ばれ、古い山城の跡が見つかっている。三方を山に守られた安心感があり、さらに奥の森に入ると「龍頭岩《りゅうとうがん》」なる大きな岩の塊が現れる。背後の山々を伏した龍に見立てると、ちょうどこの岩が頭になるというわけだ。この一帯は、古くから「聖地」とされてきた。その力をいただくように城や屋敷や町があり、教会が開かれた。

開港前の長崎はよく「寒村だった」と言われるが、ここに立てば意外なほど海は遠く、山は近い。港が開かれる以前は、つつましくもそれなりに豊かな山村だったかもしれない。

●春徳寺の大楠
門の前には「トードス・オス・サントス教会／コレジヨ・セミナリオ跡」の石碑がある。「セミナリオ」はカトリックの中等学校、「コレジヨ」は十年制の大学

●東海家の墓
完成までに十年ほどの歳月を要したことから、長崎では、物事が進まないことを「東海さんの墓普請」と言った

●城の古址からの眺め
このあと新しい港と町が作られる「ナンカミサキ」は、右手奥から海に伸びていた。景色としては面白いが、吹きさらしで無防備な土地にも見えていたのではないだろうか

ナンカミサキへ

◆新大工町商店街

春徳寺の墓地からは、長崎らしい階段まじりの坂道「坂段(さかだん)」を降りて行こう。迷ったようでも、とにかく下ればどこかに出る。古くからの町を歩いていると、小さなお堂や湧き水に出会うかもしれない。長崎街道から旅立つ人が宴を開いたというお宮を過ぎるあたりから、急に食べものの匂いが漂ってくる。この先は、新大工(しんだいく)町商店街だ。地元の人に愛される飲食店も多いので、ひと息ついて腹ごしらえでもしよう。

商店街を抜けると、川と橋がある。このあたりは街道口として馬を管理していた場所なので、いまも「馬町(うままち)」の名が残る。大きな鳥居は「諏訪神社」。背後の山は天孫降臨の伝説もあるという金比羅山(こんぴらさん)で、ここから海に向かって「長い岬=ナンカミサキ」が延びていた。

現在、岬のまわりはすっかり埋め立てられ、隙間なく建物があり、車がビュンビュン走っているが、四百五十年前は、岬のいちばん先に小さな森と岬の神さまのお社があるくらいで、ほとんどなにもない草っ原だったらしい。そんな光景を想像しながら歩いてみよう。

●諏訪神社
長崎の氏神さま
「おすわさん」として
親しまれている

●トッポ水
弘法大師が「独鈷」で「ここを掘れば水がでる」と掘りあてたといい、江戸時代の貿易船は、飲料水としてこの水を補給した

●新大工町商店街
新鮮な野菜や魚が安く売られる市場や小さな商店が並び、毎日賑わう。長崎の伝統菓子「有平糖(あるへいとう)」や「唐あくちまき」「桃カステラ」といった、長崎ならではのお菓子を製造販売する店も。古くからの雰囲気を残しつつ、再開発が進んでいる

◆長崎開港の碑

お城のような桜町小学校を過ぎ、歩道橋を渡ったところに、ぜひ見ておきたいものがある。市役所敷地の木立の中で見つけにくいが、そこには二つの碑があり、ひとつは鮮やかな千羽鶴が捧げられている「長崎市職員原爆犠牲者慰霊碑」、もうひとつが「長崎開港の碑 FUNDACAO DO PORTO DE NAGASAKI(長崎港の礎)」だ。

ポルトガル船は、はじめから長崎を目指したわけではない。長崎開港からさかのぼること二十年、一五五〇年に平戸(ひらど)に入ったのが第一号だ。その後、大村純忠が開いた横瀬浦(よこせうら)は、たった一年で焼き討ちにあい、つぎに開かれた福田(ふくだ)は外洋に面していて船がつけにくい。紆余曲折をへて、ようやくたどりついた「残りもの」が長崎だった。しかし残りものにはなんとやら、一五七一年にポルトガル船がやってきて開港し、長崎の四百五十年の歴史が始まるのだ。

●長崎開港の碑
ポルトガルの騎士団十字と大村家の家紋、長崎港を測量した「フィゲイレド神父」「トラバソス船長」、初入港した船の「バスデベイカア船長」の名が刻まれている

◆開港六町〜岬の教会

市役所を過ぎた交差点のあたりで、岬へつづく道はゆるやかな「くの字」に曲がっている。両側は下り坂になっているので、ここが台地だったことを実感できるだろう。道幅が広くなって空気が開けた感じもするが、目の前にあるのは、特になんということはない、小さな地方都市の官庁街である。

長崎市立図書館を過ぎると「長崎奉行所跡地」の案内碑があり、いよいよこの先が、開港とともに作られた町だ。西側の波止場に近いほうに、これまで貿易に携わってきた人たちの「平戸町」と「横瀬浦町」が並び、次に福田など大村領の外海側からやってきた人々の「外浦《ほかうら》町」、その隣に「分知《ぶんち》町」が続く。土地の知行を意味するとも、ここに「文知房」なる唐人が住んでいたからともされるが、正確な由来はよくわかっていない。「大村町」は町の主である純忠の姓、「島原町」は純忠の宗主、有馬《ありま》氏に発する。島原町は、町建てから江戸時代が終わるまで、すべての町の筆頭である「一番町」を務めた。

六町の先の「ナンカミサキ」の先端の小さな森には「森崎」と呼ばれる神さまが祀られていたというが、新しい住民と宣教師は、そこにすぐ教会を建てた。

ポルトガル船が入港するごとに、町は賑わった。日本各地から、貿易で一儲けをねらう人や、戦乱から逃れた人たち、自由な信仰生活を求めるキリシタンが続々とやってくる。そんな「移民」と「難民」の町であった。

ただ、この新天地も安全ではなく、以前から甚左衛門の村を攻撃していた深堀や戸町などの周辺勢力が、たびたび襲っている。人々は昼夜を徹して柵を作り、堀をめぐらせ、町の守りを固めた。一五八〇年にイエズス会領になると、砦が築かれ、大砲も据えられた。火縄銃を扱う「住民兵」も多く、長崎はヨーロッパの城塞都市さながらであった。

●南蛮船渡来屏風図
パンやテンプラ、大きくふくらんだズボン「カルサン」、合羽の元になったマント「カパ」、オルガンやビオラなどの楽器……あざやかな色、めずらしい形、甘い香り、おいしいもの、美しい音色が、南蛮船に乗ってやってきた

●岬の教会と六町想像図
開港六町は現在ほぼ全域が万才町、一部が江戸町となっている。「長い岬」を北部九州の言葉にすれば「ナンカミサキ」で、それが「ナンガサキ」「ナガサキ」に。領主である長崎氏の名字が先だとの説もある（県庁跡地レリーフより）

※「南蛮」はポルトガルとスペイン、「紅毛」はオランダ・イギリスを指す。

四人の少年と二十六聖人

◆南蛮船来航の波止場跡

●南蛮船来航の波止場跡の碑

岬の突端から、海のほうに坂を下れば「南蛮船来航の波止場跡」だ。宣教師、商人、船乗り……ヨーロッパからやってきた人はみな、ふたたび戻れないかもしれない故郷を目に焼きつけて、海を渡り、ここにたどり着いた。

そして「到着点」だった波止場は、一五八二年に「出発点」となる。天正遣欧少年使節が、ローマへ向けて出航したのだ。正使は伊東マンショ（1569頃-1612）、千々石ミゲル（1569頃-1633）、副使は原マルチノ（1569頃-1629）、中浦ジュリアン（1568頃-1633）である。使節は二年半の厳しい航海を経て、まずはポルトガルのリスボンに到着する。翌年にはローマ教皇グレゴリオ十三世に謁見し、各地で大歓迎を受けた。

しかし彼らの旅のあいだ、天下は織田信長（1534-1582）から豊臣秀吉（1537-1598）へ移った。秀吉は伴天連追放令を出し、長崎を直轄地にする。貿易も混乱し、マカオから長崎への船がストップしたことで、使節は二年ほど足止めされた。ようやく波止場に帰り着いたのは、出発から八年後の一五九〇年だった。

伴天連追放令は出されたものの、宣教師は貿易に欠かせない存在であり、日本人の信仰は強く禁じられなかったので、長崎はますますキリシタンの町として発展していく。いったん壊された岬の教会も、大きく立派に再建された。

◆樺島の町、五島の町

ナンカミサキの「崖下」の「海岸」を歩いてみよう。電車通りから東側の高台にむかって三本めの道が、かつての波打ち際だ。

町が栄えるにつれ、次々と新しい町が作られる。同郷の者が多ければ、それを町の名前にした。六町の海側に作られた樺島（かばしま）町、五島町（本五島町、浦五島町）は、まさにそんな町だ。樺島は長崎半島の突端にあり、天然痘の流行を機に多くの住民が長崎に移った。五島は万葉集にも歌われた大陸への中継点で、どちらも早くからキリシタンが増えていたところだ。それぞれの移住者が、樺島町、五島町に暮らした。

●崖下の道
「六町」との高低差があり、
岬らしい地形を感じることができる

五島町の公園あたりから電車通りに出てみよう。

長崎で路面電車が走っているところは、だいたい海や川だった。海は奥まで続いており、ここからずいぶん北側にまで波が打ち寄せていた。所々に小さな岬が突き出していて、いちばん手前の岬の丘にはいま、NHKの鉄塔が立っている。このあたりの「流れ」はひときわ激しく、まっすぐには渡れない。歩道橋でぐるりと回って丘を目指そう。

●かつての海岸を西坂へ向かう

◆西坂公園（日本二十六人殉教地）

一五九六年、土佐に一隻のスペイン船が漂着する。キリスト教布教を足がかりにした領土侵略の可能性や、船の財貨をめぐる思惑から、秀吉は、京都と大坂の宣教師やキリシタンの逮捕と処刑を命じた。長崎には直接関わりがないはずの事件だが、処刑の地として選ばれたのは、長崎がキリシタンの町だったからだ。

京都で片耳をそがれた二十四人は、翌一五九七年一月九日に堺を出発。大坂、兵庫、岡山、広島、山口、福岡、佐賀と裸足で歩かされ、道中、二人が加わり二十六人となった。二月四日の夕暮れ、彼杵（そのぎ）から船で大村湾を渡り、時津で一夜を明かして、翌五日の早朝、長崎の西坂へと向かった。

ゴールは、その西坂の丘、現在の日本二十六聖人殉教地だ。

二十六人が十字架にかけられた日、長崎の町には外出禁止令が出されていたが、多くの人々が刑場の周囲に集まり、屋根や高台に上って見守った。船を出して海の上から祈るものもいた。目撃者のひとりであるスペイン商人アビラ・ヒロンは「人々の悲痛な叫びは、天までどよもし、こだまして鳴りわたっていた」と記している。（『日本王国記』）

十字架の跡には、二十六本の椿の木が植えられた。西坂の丘は、港の入り口の正面にある。自由を求める人々が開いた長崎の港は、開港から四半世紀が過ぎたころ、ほかのどこにもない、殉教者に見守られる港となった。

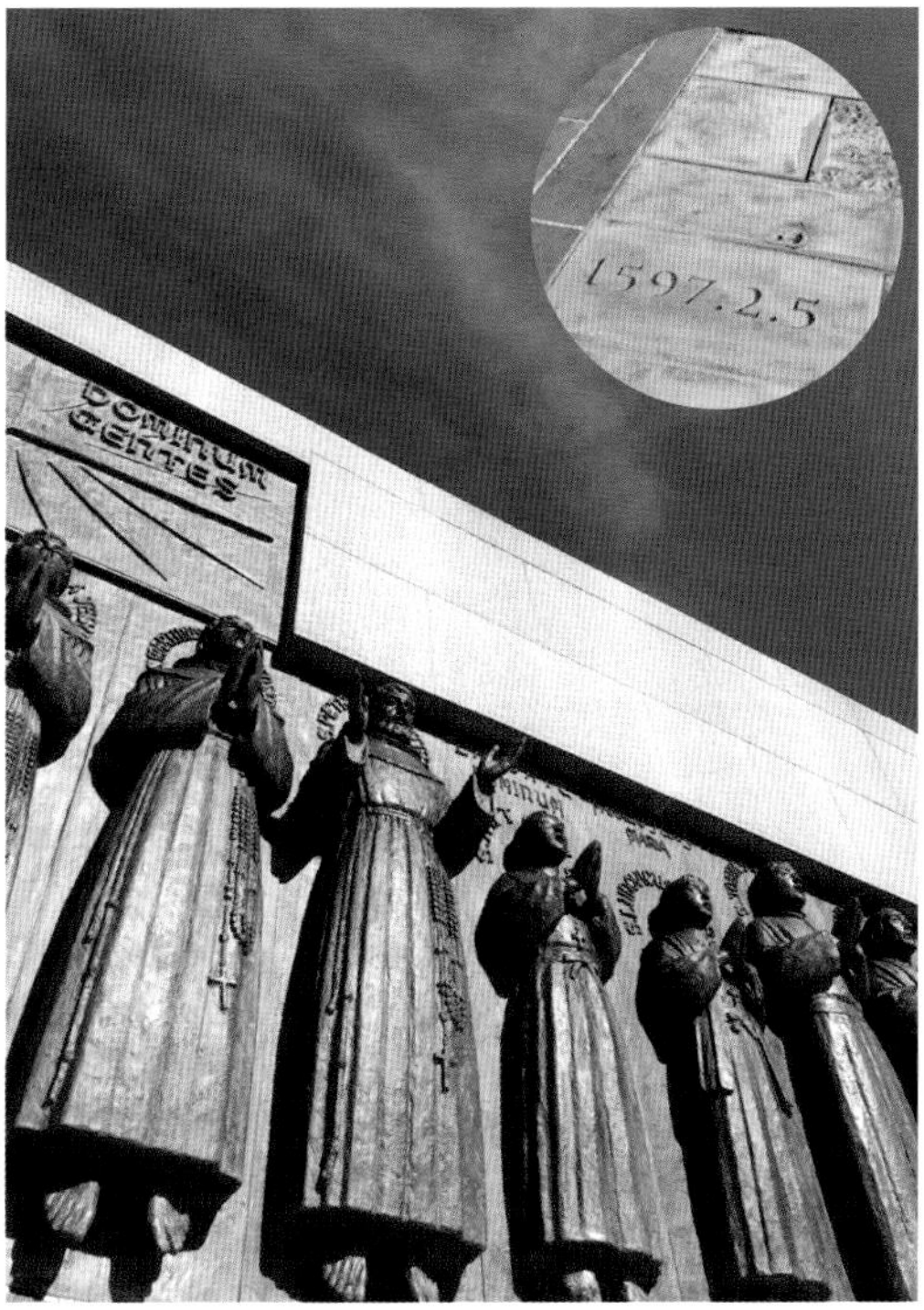

●日本二十六聖人
最年長は、六十四歳のディエゴ喜斉。十二歳で最年少のルドビコ茨木は、棄教と引き換えの助命の提案を断った。十三歳のアントニオは長崎出身で、父は中国人、母は日本人。岬の教会で洗礼を受け、樺島町で育ち、大坂の修道院で教育を受けていた

●日本二十六聖人殉教地
西坂には以前から刑場があり、十字架を立てる穴が掘られはじめていたが、長崎在住のポルトガル人たちの「殉教地に天主堂を建てるかもしれない」との願いにより場所が変更された

黒船曽根のおるごおる

【コラム①】

夏になると、長崎には南からの海軟風が吹いてくる。ああ南蛮の風だな、と私は思う。遠い大航海の昔、はるかなゴアを出た三檣帆船ナウは、積乱雲の南シナ海でこのモンスーンをとらえて北上、旧六、七月の候、長崎の港に入った。そして九月、十月の北東季節風にのって再び南へと帰ってゆく。

しかし中には悲運の船もあった。マードレ・デ・デウス号は、港外高鉾島沖の海底に今も三百五十年の夢をむさぼっている。そこは黒船曽根と呼ばれる泥の堆積で、魚が群遊していると漁師はいう。船でその上を通る時など、私は海底から葬礼のようなオルゴールの響きをきく。十六、十七世紀の日本史上にあやしく花咲いた南蛮文化を、私はこよなく美しいと思う。

（『黒船曽根』）

そのかみの妖雅をひめて、いまは静かにねむる南蛮の宝石箱よ。開けば鳴りいずるおるごおるの低い音色よ。（『東方へのポルトラーネ』）

●オークションの店
「西洋骨董店」の外観を描いた作品。
建物は昭和四十年代まであった。
そのオークションの入口には、
いつも太った黒人が腰を下ろしていた。
アブーという船員あがりの
老人であった。
（『中世紀を売る店』）

●西洋骨董店
店内のサモワール、ギヤマン、クレイのパイプ、銅版、武具など、西洋から流れ着いたおびただしい骨董品は、南蛮時代のラセイイタ、ホルランシャ、アメンドスなどの香りにつながるものであった。（『中世紀を売る店』）

長崎では「南蛮」と聞くと「おるごおる」と思い浮かぶ人が多いのではないだろうか。老舗洋菓子店「梅月堂」のロングセラー「南蛮おるごおる」は、田川の「西洋骨董店」をモチーフにしたパッケージで長く親しまれている。かつては薄い板でできており、多くの家庭で裁縫箱や小物入れに重宝した。「西洋骨董店」は松が枝町に実在した店で、田川はこのような店や、路地裏の石畳にも「南蛮船の忘れた積み残し」……キリシタン時代の気配を感じ取ろうとしていた。

コース②

「小ローマ」から鎖国へ

●サント・ドミンゴ教会跡資料館
←
●八百屋町通り
←
●サン・フランシスコ教会跡
←
●ミゼリコルディア跡〜フロイス通り
←
●岬の教会
←
●築町（ナンカミサキの石垣）
←
●栄町（サン・ティアゴ教会と病院跡）
←
●眼鏡橋
←
●常磐橋（サン・アウグスティン教会跡）
←
●浜町
←
●出島
←
●大波止（鉄砲ン玉）

Kén

●めがね橋早春

年表【「小ローマ」から鎖国へ】

- 一六〇〇（慶長五）　オランダ船リーフデ号が豊後（大分）に漂着
- 一六〇五（慶長十）　長崎村が天領となり長崎甚左衛門は退去
- 一六〇九（慶長一四）　平戸にオランダ商館開設
- 一六一二（慶長十七）　岡本大八事件が起こり、有馬晴信斬首。伊東マンショ没
- 一六一三（慶長十八）　伊達政宗による慶長遣欧使節が出発。平戸にイギリス商館開設
- 一六一四（慶長十九）　家康が全国に禁教令を発布。長崎の教会のほとんどが破壊される
- 一六一九（元和五）　村山等安処刑。村山徳庵、レオナルド木村ら西坂で殉教
- 一六二二（元和八）　元和の大殉教。スピノラ、モラレスら五十五名処刑
- 一六二五（寛永二）　諏訪神社再興される
- 一六二七（寛永四）　雲仙地獄でのキリシタンへの拷問始まる
- 一六二九（寛永六）　このころ絵踏みが始まる。原マルチノ没
- 一六三三（寛永十）　中浦ジュリアン殉教。フェレイラ棄教。千々石ミゲル没
- 一六三四（寛永十一）　眼鏡橋ができる。出島築造開始。くんち始まる
- 一六三五（寛永十二）　日本人の海外渡航と帰国が禁止される
- 一六三六（寛永十三）　出島完成。市中のポルトガル人を収容し、自由往来を禁止
- 一六三七（寛永十四）　島原・天草の乱起こる（〜一六三八）
- 一六三九（寛永十六）　ポルトガル人追放。ポルトガル船来航禁止
  じゃがたらお春ら混血児と母親を国外追放
- 一六四〇（寛永十七）　ポルトガル船来航するも、
  使節の多くは処刑され、船は焼かれた
- 一六四一（寛永十八）　平戸のオランダ商館が出島に移転

●南蛮寺の鐘

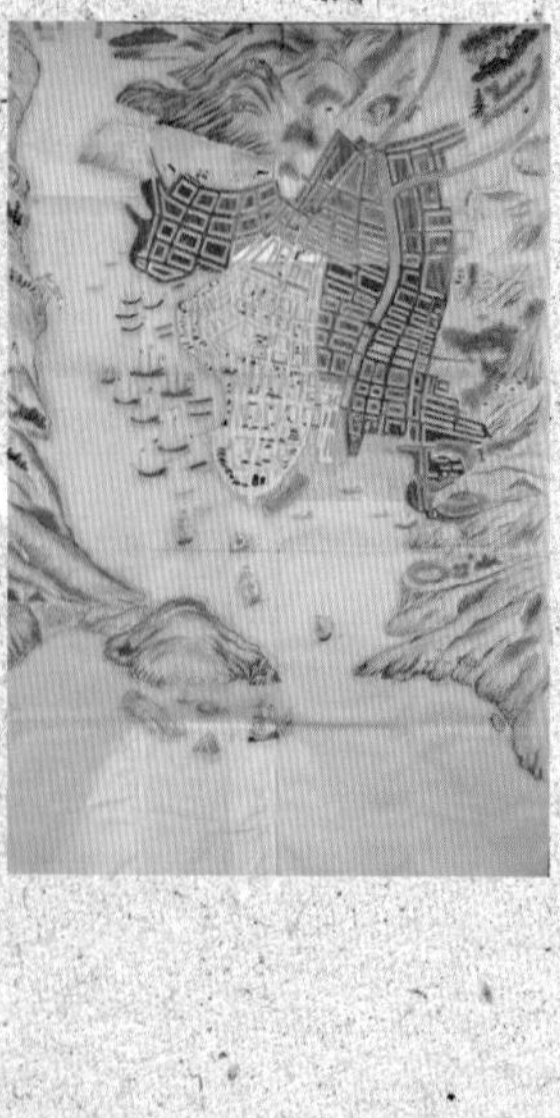

●寛永長崎港図
（寛永年間（1624-1645）作の写し／長崎歴史文化博物館収蔵）

稲佐国際墓地
丸尾町
悟真寺
長崎港
旭町
202
幸町
JR長崎本線
旭大橋
長崎水辺の森公園
長崎県庁
出島メッセ
宝町
尾上町
宝町電停
元船町
天神町
JR長崎駅
大浦海岸通電停
長崎県美術館
八千代町電停
常盤町
鉄砲ン玉
出島電停
メディカルセンター電停
長崎駅前電停
旧県庁跡地
日本二十六聖人殉教地
五島町
中町教会
東山手十二番館
出島和蘭商館跡
本蓮寺
西坂町
湊公園
福済寺
新地中華街電停
34
長崎市立図書館
築町
浜町アーケード電停
桜町電停
長崎地方法務局
聖福寺
長崎東高
長崎市役所
西勝寺
大徳寺の大クス
サント・ドミンゴ教会跡資料館
めがね橋電停
浜町
桜町小学校
万屋町
花月
眼鏡橋
長崎歴史文化博物館
丸山町
思案橋電停
市民会館電停
長崎市民会館
長崎公園
大音寺
諏訪町
中島川
諏訪神社
馬町
崇福寺電停
西山神社
崇福寺
八幡町
松森神社
清水寺
鍛冶屋町
興福寺
伊勢宮神社
諏訪神社電停
324
高平町
寺町
新大工町
風頭公園
新大工町電停
風頭山
伊良林
上野彦馬撮影局跡
亀山社中跡
芹淵
コース②
「小ローマ」から
鎖国へ
若宮稲荷神社
春徳寺／トードス・オス・サントス教会跡
34
心田庵
桜馬場
新中川町電停
東海家の墓
古橋
(中川橋)
シーボルト宅跡

「小ローマ」のころ

二十六聖人殉教(一五九七年)の翌年に秀吉は没し、長崎は徳川家康(1543-1616)の直轄地になった。家康はまず貿易に力を入れたので、ポルトガル船、スペイン船、唐船、日本と東南アジアを結んだ朱印船も出入りし、長崎の港と町は前にも増してにぎわう。

コース2は、サント・ドミンゴ教会の跡からスタートしよう。現在は桜町小学校になっている。

●南蛮船

◆サント・ドミンゴ教会跡資料館

サント・ドミンゴ教会ができたのは一六〇九年のこと。スペイン出身、ドミニコ会のモラレス神父(1567-1622)が、薩摩から追放されて長崎へ渡り、教会と修道院を開いた。土地を寄進したのは、朱印船貿易商でもあった代官の村山等安(むらやまとうあん)(?-1619)だ。

ひんやりと静かな資料館には、石組みや石畳、回廊脇の排水溝などがある。奥の部屋には、教会に使われていた「花十字紋瓦」のほか、町のあちこちから出てきたメダイや十字架が展示されている。キリシタンが毎日身につけ、大切に握りしめていたと思えば、彼らの手の湿り気や匂いが伝わってくるようだ。

キリシタンの町となった長崎には、多い時は十を超える教会があった。しかし「トードス・オス・サントス教会」が春徳寺になったように、この時代の教会は禁教による破壊ですべて失われ、遺構もほとんど見ることができない。現在、唯一の例外がサント・ドミンゴ教会で、小学校の建て替えの際に遺構が発見され、資料館として公開されているのだ。

ただし教会の建物があった部分は埋め戻され、子どもたちが走り回るグランドの下に眠っている。

●資料館内部
のちの代官屋敷時代の井戸などもある

●地層パネル
「サント・ドミンゴ教会時代の層」「教会破壊後の盛土層」「末次屋敷時代の層」
「一六六三年の大火の層」「高木屋敷時代の層」が重なる

資料館の斜め向かいの「長崎歴史文化博物館」は、一六〇〇年に建てられた「山のサンタマリア教会」と付属の墓地があった場所だ。当時は資料館そばの細い「八百屋町通り」がナンカミサキの新しい港と町から教会と墓地につながる道で、サント・ドミンゴ教会はこの通りを正面に建てられていた。

通りを抜けた「代官坂」を左に上り、横断歩道と「櫻橋」を渡ろう。秀吉が直轄地にしたころから、早い時期にできた中心部の町は「内町」、町が栄えるに従って周辺に広がった町は「外町」とエリア分けされており、ナンカミサキの上では、ここが境目となっていた。

◆サン・フランシスコ教会（修道院）跡

櫻橋を渡ると「サン・フランシスコ教会（修道院）跡」の碑が見えてくる。教会が作られる前は、キリシタン墓地があったとされる。ここからしばらくは、コース1とおなじナンカミサキを歩こう。

開港から三十年、四十年と経つうちに、町は刻々と変化していた。ポルトガル船の来航によって開かれ、ひとところはイエズス会領だった町は、貿易も信仰もスペイン勢に押されるようになっていた。ドミニコ会もフランシスコ会も、スペイン船によって来日した托鉢修道会だ。

とはいえ長崎がキリシタンの町「小ローマ」だったことに変わりはない。十を超える教会だけでなく、修道院や病院、墓地などの関連施設が作られ、町の家々の屋根には花十字紋瓦が並んでいた。

市役所を過ぎた桜町交差点の脇の小さなお稲荷さんは「安豊稲荷」。豊後の人たちが豊後町（ぶんごまち）を作っていたとされる。市立図書館あたりは興善町で、博多の商人・末次興善（すえつぐこうぜん）（?-1630）の土地だった。その隣は本博多町（もとはかたまち）で、ここに最初の奉行所が置かれていた。

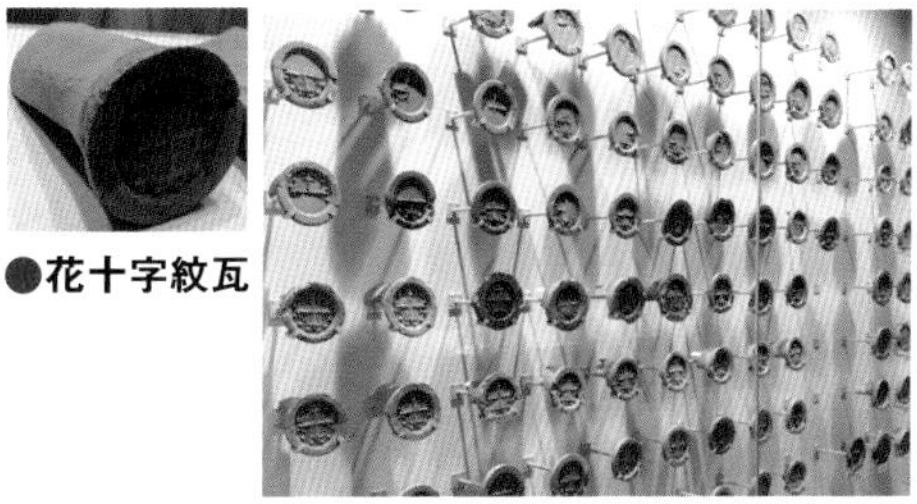

●花十字紋瓦

●サント・ドミンゴ教会跡資料館から八百屋町通りへ
近くの山から野菜売りが集まったので八百屋町と呼ばれた

●代官井戸
桜町小学校の一角には代官屋敷の井戸が残されている

●櫻橋は、路面電車の軌道の立体交差を造るため、ナンカミサキを切り離した上に架けられた

●サン・フランシスコ教会（修道院）跡
一六一一年に建設が始まった教会は、禁教により完成しないうちに壊された

禁教のもとで

◆ミゼリコルディア跡〜フロイス通り

　白く大きな住友生命ビルから一本左手の道へ入ろう。現在の長崎地方法務局の場所は「慈悲屋」と呼ばれた福祉施設「ミゼリコルディア」があったところで、老人や寡婦、ハンセン氏病患者などが身を寄せていた。

●ミゼリコルディア跡からフロイス通りへ
一五八三年に設立され、町の人々の寄付や募金で運営されていた

　ここからナンカミサキの先端まで、検察庁や長崎地方裁判所などが並ぶ道は、大著『日本』を著したポルトガル人宣教師ルイス・フロイス(1532-1597)にちなんで「フロイス通り」と呼ばれている。フロイスは二十六聖人の殉教を見届け、その記録を書き上げたのち、この先の岬の教会で亡くなった。

◆岬の教会

　小さなサン・パウロ教会から始まった岬の教会一帯は、壮麗な被昇天の聖母教会、イエズス会本部、コレジオや司教館、印刷所、画学舎などを備える、日本の「キリスト教センター」となっていた。

　一六一四年に全国的な禁教令が出され、長崎でも宣教師の追放や教会の破壊が命じられると、数百人、数千人規模の抗議の聖行列が、何度も町を練り歩いた。十一月に入ると教会の取り壊しが始まり、まずは岬の教会が、朝夕に時を知らせた大時計もろともなぎ倒される。それから十日間のうちに、市中のほぼすべての教会が破却され、瓦礫まじりの焼け跡になった。

　宣教師や高山右近らの有力キリシタンは長崎から国外追放となり、天正遣欧少年使節の原マルチノも、かつてローマに向かった波止場からマカオに渡った。

●岬の教会
伊東マンショは、
ここで一六一二年に亡くなった。
原マルチノ、中浦ジュリアンとともに
司祭となった場所だ
（「長崎旅博覧会」イメージ模型）

　長崎での禁教は、貿易の問題もあり、すぐには徹底されていない。国外追放を逃れていた中浦ジュリアンなど、多くの宣教師や司祭たちが潜伏して活動していた。表立ったミサはできなくとも、長崎は依然としてキリシタンの町だった。

　岬の教会跡から港とは反対側に現在の中央橋方向に坂を下ると、カラフルなニワトリの像が「1570-1639　ポルトガル人が築町（つきまち）に多く住んでいた」と教えてくれる。一六三九年までとあるが、禁教令から五年が過ぎた一六一九年ごろからは禁教も外国人の監視もひときわ厳しくなったので、早々に暮らしにくくなったことだろう。長崎初のトードス・オス・サントス教会や、多くの人々を救ったミゼリコルディアも姿を消した。

●GALO像
サンティアゴ・デ・コンポステーラの巡礼者にまつわる伝説から生まれた、ポルトガルの奇跡と幸運のシンボル。アジアへ渡る船乗りたちのお守りでもあった

●築町の石垣
様々な年代の石垣が重なっている。下のほうにはキリシタン時代のものも混じるという

●坂上天満宮と大音寺坂
寺はさらに移り、天満宮が建てられた。「大音寺坂」の「上」の「坂上天満宮」はいま、坂の下にある。大音寺坂は「深堀騒動」（→p.44）の発端となった現場

「GALO」から築町界隈へ。かつては「下町」つまり「ナンカミサキの下の町」であり、海を埋め立てて「築」かれた町なので築町だ。古くから市場の町として親しまれている。ナンカミサキをイメージさせてくれる石垣を見上げながら歩いていくと、古い石段がある。さっき訪れたミゼリコルディア（慈悲屋）から下る階段で「大音寺坂」と呼ばれている。

ミゼリコルディアが取り壊された跡には、大音寺が建てられた。岬の教会は生糸貿易の会所、のちに奉行所西役所となる。サント・ドミンゴ教会は代官屋敷だ。サン・フランシスコ教会は牢屋になり、多くのキリシタンが囚われて拷問を受けたので、下に流れる川には「地獄川」の名が残る。

●サン・ティアゴ教会病院の鐘
大分県竹田市に現存。
「HOSPITAL SANTIAGO 1612」と刻まれている
（『旅する長崎学 キリシタン文化1』長崎文献社より）

ここからは、中央公園を横切って電車通りに出よう。しばらく歩くと、石造りの銀行が見えて、なんとなく教会を思わせる。天正遣欧少年使節を引率したメスキータ神父によるサン・ティアゴ教会と付属病院は、このあたりにあったという。神父は一六一四年の追放の際、船に乗せられないほど衰弱しており、町外れの粗末な小屋で天に召された。

禁教から十年以上が過ぎたころ、代官や町年寄などの「お偉方」は、その立場もあって棄教を表明していたが、一般のキリシタンは信仰を続ける者が多かった。しかし「絵踏み」が始まると、棄教は「見える化」されていく。心はまだ信仰に燃えていても、聖像を足で踏む罪悪感から逃れることはむずかしかっただろう。

追放先のマカオで、信心書の出版や教会史の作成に携わっていた原マルチノは、絵踏みが始まったとされる一六二九年に没した。

西坂での殉教がもっとも多かったのは、禁教から二十年が経とうとしていた一六三三年だ。中浦ジュリアンは「穴吊り」の刑により殉教した（ともに刑を受けたフェレイラ神父は棄教）。千々石ミゲルも、この年に亡くなっている。イエズス会を退いたことから「少年使節唯一の棄教者」とされたが、近年の調査により、信仰は守っていた可能性がある。

四十八年前に長崎からローマへ旅立った四人の人生は、それぞれに終わりを迎えた。

●踏絵
初期にはキリシタンから押収した聖画や聖具が使われ、のちに二十枚が製作された。十九枚は現存　出典:ColBase（https://colbase.nich.go.jp/）

変わりゆく町と港

ローマ教皇に祝福された「少年」たちすべてが亡くなった翌年の一六三四年、その後の長崎にとって欠かすことのできない二つのものが生まれる。そのひとつが眼鏡橋だ。「サン・ティアゴ教会」跡付近から電車通りを渡れば、川の気配を感じるのではないだろうか。眼鏡橋はすぐそこだ。

◆眼鏡橋

日本初の石造りアーチ橋は、町の中心部から興福寺へ渡るために、唐僧・黙子如定（もくすにょじょう）（1597-1657）によって架けられた。いまはビルに囲まれて小さく見えるかもしれないが、当時の人にはとても大きく、驚くべき建造物であったろう。石を触ると、思っていたよりもやわらかで、あたたかい。

●石組み

橋の上に立つと、すぐ近くの山肌の森にはお墓が見える。その下はずらりとお寺が並ぶ寺町で、そのほとんどが、禁教後数十年のうちに建てられた。

ナンカミサキを挟んだ反対側の山裾にも同様の「寺町」が形成され、元・キリシタンの町の両側は、お寺の石垣でがっちりと固められた。眼鏡橋ができるころには、長崎の住民はすべて諏訪神社の氏子であり、どこかの寺の檀家となっていたのだ。

眼鏡橋からは川に沿って、袋橋、常盤橋（ときわばし）へと下っていく。

開港以来、貿易によって急速に栄えた長崎は、すぐに土地が足りなくなった

●寺町

ので、方々の水辺が埋め立てられてきた。眼鏡橋が架かる川の周辺は、もとは広い干潟だったとされる。

さっきは海に「築」かれた「築町」を歩いたが、この先は川の河口、浜辺だったので「浜町（はままち）」だ。現在はアーケードのある「浜んまち」となっている。「寛永長崎港図」を見ると、眼鏡橋のほかに屋根の付いた木造の橋が架けられている。ナンカミサキにつながる築町側と、川の周辺の埋め立て地を橋で結んで、土地の活用をしていたことがうかがえるだろう。

●1600年前後の日本人の活動地図（『長崎事典歴史編』より）
鎖国までは、東南アジア各地に日本人町ができるほど、
活発な貿易が行われていた

●「サン・アウグスティン教会跡」
常磐橋のたもと。一六一二年に開かれた
アウグスティヌ会の教会は、二年で破却された

●寛永長崎港図（眼鏡橋から浜町近辺）　長崎歴史文化博物館収蔵
寛永年間（1624-1645）の長崎が描かれている

◆出島

この付近の地形や区画は時代によって大きく変わり、川の流れさえも曲げられているのだが、ひとまず川を頼りに港を目指そう。車の流れをなんとか渡った先に、復元された出島が見えてくる。「長崎に欠かせないもの」の二つ目は出島だ。市中のポルトガル人を収容するため、一六三四年に着工し、二年後に完成した。

開港から六十年が経つころ、幕府は長崎の町と貿易の管理を急速に強める。ともに町を作って来たはずのポルトガル人は隔離され、混血児は国外追放となり、日本人の海外往来や貿易も禁止された。長崎の人にとっては、禁教もあわせて、経済的、精神的に相当なダメージだったことだろう。

一六三四年に生まれたもうひとつのものは、諏訪神社の秋の大祭「くんち」だ。棄教したキリシタンの心を束ね、町を管理するために始められたが、人々はそれを自分たちのものとし、絢爛豪華な祭りへと発展させていく。

●出島表門あたり
「岬の教会」跡地に移された奉行所のすぐ下に位置する

●出島

◆大波止の鉄砲ン玉

いまはまだ「できたばかり」の出島へは入らず、表門を横目に通り過ぎて、大波止のほうへ向かおう。

出島が完成した翌年の一六三七年、島原・天草の乱が起こる。

かつて一大キリシタン王国だった島原では、島原城築城のための使役や重税に人々が苦しんでいた。加えてキリシタン弾圧、凶作と飢饉にも襲われる。そこで似たような状況にあった天草の人々とともに反乱を起こし、原城に立てこもったのだ。幕府は諸藩から兵を集め、オランダ船の大砲まで駆り出して反撃。三カ月近い攻防の末に原城は陥落し、三万七千人ともされる一揆軍は全滅した。乱の精神的支柱であった天草四郎の首は長崎に運ばれ、出島の前、あるいはここ大波止にさらされたという。

にぎやかなスーパーとパチンコ店のそばに、古びた鉄の玉が見える。「鉄砲ン玉」だ。直径五十六センチ、重さ五百六十キロ。島原・天草の乱の際に作られたとされるが、実際には使われていない。現在に至るまで長崎の水際にたたずむ玉は、なにか物言いたげでもある。

幕府にとって、禁教下で乱が起きたショックは大きく、長崎の管理と港の警備をさらに強めた。ポルトガル人は追放し、貿易の再開を求めてやってきた使節も処刑した。禁教に多くの血と涙が流れたように、鎖国もまた、ただ静かに国の扉を閉じたのではなかったのだ。

ゴールは長崎港だ。ターミナルビル前のデッキに立ち、これまでの町と港の七十年を思ってみよう。ポルトガル船が入って開かれた長崎は、大きく姿を変えながら、また新たな時代を迎えようとしていた。

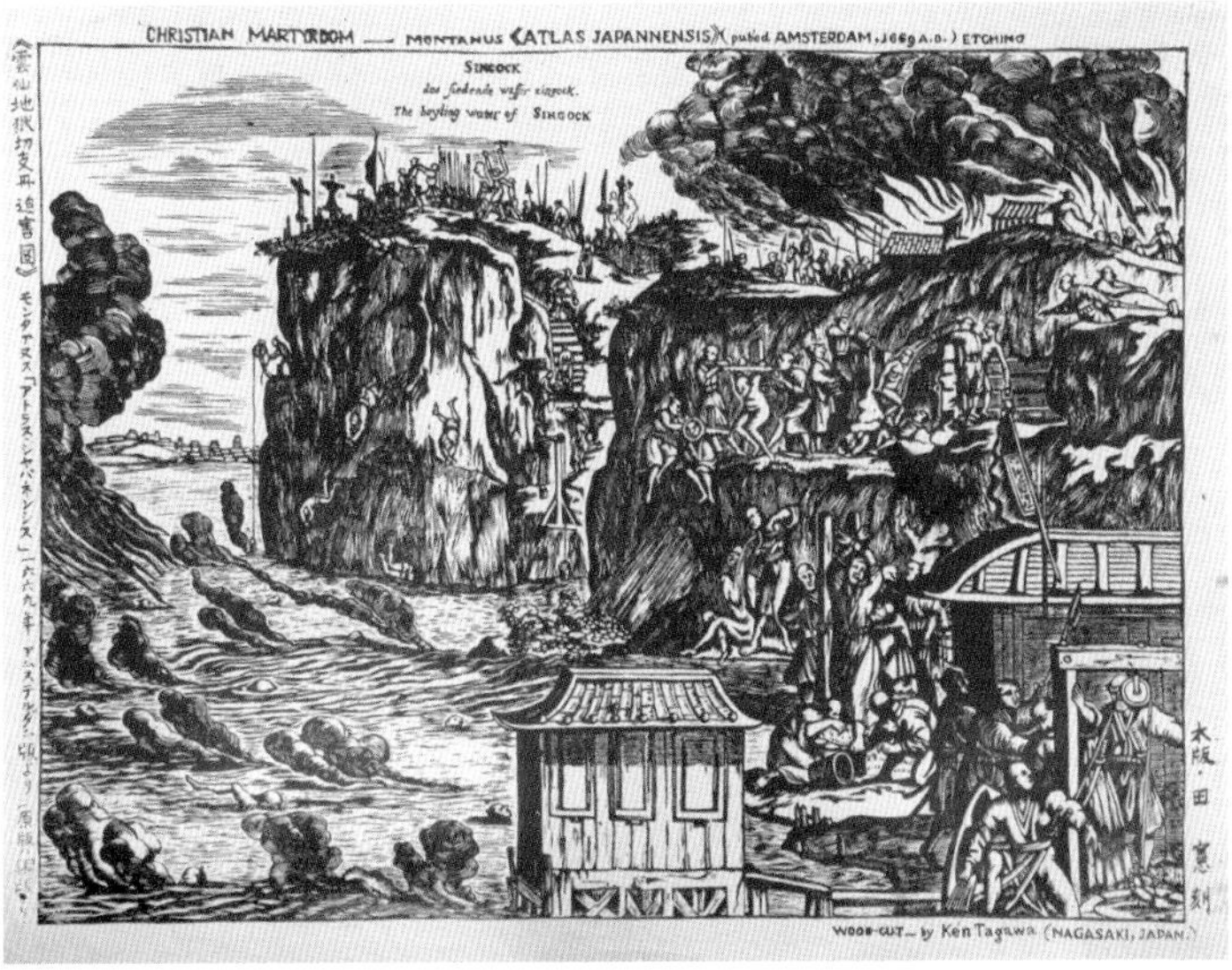

●雲仙地獄切支丹迫害図

●鉄砲ン玉

梨地砂子と花の風土

【コラム②】

かつて、長崎は日本の異国であった。大小あまたのあやしい船が、見なれぬ蛮蘭の美と香りとを満載して、南の方からひたひたとよせてきた。天来のようなその新鮮さと、珍奇さとに魅せられ、この異風都市は澎湃として建設されていったのである。

それらの船とともにこの港に渡来し、根を下ろし、ひそやかにこの町の風物を飾った花のことを、私は思う。

（『花の風土』）

桜の花も散った四月十五日頃になると、長崎の周辺の山々にある楠の老樹が、一せいに新芽をふき始める。レモン・イエローから始まって、濃黄、オークル・ジオンヌ、淡緑にいたる、いわゆる黄金系の暖かい色のあらゆる段階の一大交響楽である。この季節になると、黄河流域の黄土層の黄砂が、風にのってよくここまで飛んでくる。空には梨地砂子(なしじすなご)のような微粒子が立ちこめ、山も、太陽も黄色く見える。こうして、目に見えぬ適温の培養基の中に「長崎」は培われていくのである。（『東山手十二番館』）

●長崎ーその深層風土
一九六一年の天皇皇后行幸啓の際、ご滞在の部屋を飾るために制作された

●東山手ユッカ（「長崎　東山手十二番館」より）

たしかに長崎の歴史と存在感は、異国の船によって港が開かれ、キリシタンが町を作ったことで生まれた。しかし長崎の土地そのものが、異質なものを受け入れ、溶かしあう力を持っていたからこそ、その魅力はこれほど大きく豊かになったのではないだろうか。田川が描く長崎には、海の向こうから吹いてくる湿った風、いつしか根付いた鮮やかな草花のいきれ、かすかな空気の色あいまでもがあふれている。

コース③

鎖国時代と和華蘭文化

●風頭公園 ← ●「ブディストの森」 ← ●寺町 ← ●鍛冶市通り ← ●思案橋 ← ●丸山 ← ●唐人屋敷跡 ← ●湊公園 ← ●出島

saki
Ken

●海西法窟

年表【鎖国時代と和華蘭文化】

一六五四(承応三) 隠元禅師が来日
一六六三(寛文三) 寛文の大火で五十七町が焼ける
長崎奉行所が外浦町に移転
一六七三(寛文十三) イギリス船リターン号が来航
一六八九(元禄二) 唐人屋敷完成。中国人を収容
一六九八(元禄十一) 長崎会所できる
元禄の大火で二十二町が焼ける
一七〇〇(元禄十三) 深堀騒動起こる
一七〇二(元禄十五) 新地蔵所できる
一七一五(正徳五) 正徳新令により、
箇所銀・竃銀が制度化される
【開港二〇〇年】
一八〇八(文化五) フェートン号事件起こる
一八二三(文政六) シーボルト来日。翌年、鳴滝塾を開く
一八二六(文政九) シーボルト、江戸参府に同行し、多くの資料を収集する
一八二八(文政十一) シーボルト事件起こる。翌年追放される
一八四一(天保十二) 高島秋帆が江戸の徳丸ヶ原で砲術の演習を行う
一八五三(嘉永六) ペリーが浦賀に来航。ロシア使節プチャーチン、長崎に来航
一八五五(安政二) 日蘭和親条約調印。海軍伝習所開設
一八五六(安政三) 浦上三番崩れ起こる
一八五八(安政五) オランダ商館廃止。絵踏みが廃止される
一八五九(安政六) 長崎、神奈川、函館が開港。居留地の造成が始まる

●長崎港之図(円山応挙/1792(寛政四)年/長崎歴史文化博物館収蔵)

●阿蘭陀東印度会社の紋章

長崎港
丸尾町
稲佐国際墓地
悟真寺
旭町
202
499
小曽根町
旭大橋
南山手町
国際観光船ふ頭
長崎水辺の森公園
長崎県庁
出島メッセ
旧香港上海銀行長崎支店
旧グラバー住宅
旧長崎税関下り松派出所
元船町
大浦天主堂
JR長崎駅
大浦海岸通電停
長崎県美術館
大浦天主堂電停
常盤町
出島電停
鉄砲ン玉
長崎駅前電停
旧長崎英国領事館
石橋電停
旧県庁跡地
メディカルセンター電停
五島町
中町教会
東山手洋風
住宅群(7棟)
東山手十二番館
出島和蘭
商館跡
大浦国際墓地
東山手町
湊公園
福済寺
新地中華街電停
34
長崎市立図書館
築町
旧唐人屋敷
浜町アーケード電停
桜町電停
長崎地方法務局
聖福寺
どんの山
長崎市役所
大徳寺の大クス
西勝寺
めがね橋電停
長崎養生所跡
浜町
長崎歴史文化博物館
高丘
万屋町
花月
眼鏡橋
市民会館電停
思案橋電停
丸山町
長崎市民会館
大音寺
諏訪町
中島川
馬町
高島秋帆旧宅
崇福寺電停
崇福寺
八幡町
諏訪神社電停
清水寺
鍛冶屋町
興福寺
伊勢宮神社
オランダ坂トン
ながさき出島道路
上小島
324
風頭公園
寺町
高平町
新大工町電停
長崎ハタ資料館
風頭山
伊良林
亀山社中跡
34
コース③
鎖国時代と
和華蘭文化
若宮稲荷神社
風頭町
愛宕
愛宕山
新中川町電停
古橋
(中川橋)
彦見町
矢の平
蛍茶屋電停

□は散策エリア

●風頭公園からの眺め
風頭山は、江戸時代から盛んに行われた
長崎独特の凧揚げ「ハタ揚げ」の名所でもある

ブディストの森をゆく

コース3は、山の上からスタートだ。これまで歩いた町を、しばらく眺めてみたい。坂の町を縫うように登る「風頭山（かざがしらやま）」行きのバスに乗るといいだろう。山肌の家々のほとんどは、江戸時代には段々畑だった。終点でバスを降り、案内図を頼りに風頭公園へ。ゴツゴツと岩が出ている小山の上に、原っぱと空が広がっている。狭いけれど、たしかに「風」の「頭」が現れそうだ。ちょっと下って坂本龍馬像に誘われつつ、もうひとつの展望台へ向かう。

◆風頭山〜寺町

風頭の展望台からは長崎の「旧市街」が一望できる。目をこらすとビルの波間にナンカミサキが横たわっているはずだ。

その先端に、六つの町と波止場ができてポルトガル船が入り、港が開かれた。人と船が集まっては賑わい、イエズス会領や天領になり、いくつもの教会が建てられた。西洋の楽器の音、パンや肉料理の匂いが漂い、朝夕には鐘の音が響いていた。

それが禁教により一転する。教会は壊され、町の両側を固めるようにお寺が並んだ。眼鏡橋と出島ができて、秋にはくんちの行列が練り歩き、港からはポルトガル船が消えた。開港以来、波乱万丈の七十年であった。

ポルトガル人が追放されたのち、出島には平戸のオランダ商館が移転してきた。唐船の出入りも長崎だけに限定され、中国人たちは市中に暮らした。多い時は長崎の人口の約六人に一人を占めていたとされる。

貿易は順調に栄えた。利益の一部が年に二度の「箇所銀（かしょぎん）」「竈銀（かま

●風頭台地
「風頭の西側斜面に密生する樹木の大部分は樟である。その森の緑に抱かれるようにして二つの社と十三の寺と無数の墓地がある。長崎だけの、日本でも他に類例を見ない景観であろう。……実利だけが都市の性格ではあるまい。この宗教的な森が、無言のうちに長崎市民にあたえる影響は、はかり知れぬものがあろう。」（「ブディストの森」）

どぎん）」として「町民ボーナス」になったほどだ。それは「宗旨改帳（しゅうしあらためちょう）」を基に配分され、毎年正月の絵踏みによって確認された。自由に祈り、海を渡った日々は遠くなったが、「鎖国時代の海外への窓口」として、長崎がもっとも長崎らしい時代が花開いてゆく。

展望台からは、もと来た道をバス停近くまで戻って町中まで降りる道もあるし、足に自信がなければ乗ってきたのとは逆のバスで下ってもいい。しかしできることなら、展望台の下の森に入り、墓地に迷い込んでもらえたらと思う。田川はこれを「ブディストの森」と名付けた。陰気というより静かな陽気さえ感じられる墓の森では、鳥のさえずり、夏なら蝉しぐれ、そこに町の音も聞こえてくるだろう。足もとさえ気をつければ、道がわからなくても大丈夫。墓地の下は寺町なので、いつかどこかのお寺に着く。

いろんなお墓を見ながら歩いていると、ふと、ここに眠る人たちの多くは、絵踏みをしていたのだと気付く。

絵踏みは「一種のお祭りだった」と言われることがあるが、時代が下ってなお、絵踏みが終わった家々では、新年の祝いとは別に、厄払いの宴が催されていた。元をたどれば、親が、祖父母が、あるいは隣人たちの先祖が祈り、愛したものだ。決して心待ちの行事ではなかっただろう。絵踏みが廃止されたのは一八五六年。明治、大正はもちろん、昭和の初めごろまでに高齢で亡くなった人が「経験者」だったと思えば、意外に近いものだ。

木々のあいだから、次第に町が見えてくる。墓場から見る町は、なぜか愛おしい。

●風頭の墓地
江戸時代からのお墓が多い。キリシタン時代の町の有力者だった後藤宗印（ごとうそういん）、御朱印船の豪商でベトナム王家の女性と結婚した荒木宗太郎（あらきそうたろう）、近代砲術の祖である高島秋帆（たかしましゅうはん）、シーボルトの妻となった楠本滝（くすもとたき）などは案内板がある

●踊る亀の寺
大音寺（だいおんじ）は、ミゼリコルディアの跡に建てられたが、当地に移った。墓地にある亀の像（贔屓（ひいき）、亀趺（きふ））には「碑文を読み上げると動きだす」との「都市伝説」があった

●幣振坂（へいふりざか）
大音寺と晧台寺のあいだ。
寺町には崇福寺、興福寺（→p.52）も連なっている

貿易都市のにぎわい

◆鍛冶市通り～思案橋～銅座

寺町を出るとすぐ、町の賑わいがある。かつて鍛冶屋があった町の「鍛冶市（かじいち）通り」を通って、思案橋方面へ向かおう。さっきまでお墓と森の静けさの中にいたので、次々に現れる飲食店やスーパーの「生々しさ」に戸惑うけれど、ひとやすみして食事をするのもいい。

長崎の貿易は幕府の管理下にあったが、実際の業務は町人である地役人によって行われた。筆頭の町年寄ともなれば名字帯刀で、日常の暮らしぶりは大名にも迫った。この町の身分感覚は、当時の「常識」とは違っていたのかもしれない。一七〇〇（元禄十三）年の暮れに起きた「深堀騒動」では、佐賀藩深堀領の武士と町年寄高木家の使用人のいさかいで、町人が藩の蔵屋敷に押し入り、武士の刀を奪う事態となった。すぐさま深堀側が反撃の「討ち入り」をし、高木家は実質上の「取り潰し」となったが、長崎はその後も変わらず町人の町として繁栄した。

電車通りを渡ると、江戸時代、輸出用の銅を鋳造する「銅座」があった銅座町を中心に、歓楽街が広がっている。思案橋通りを抜けて左に曲がれば、花街・丸山だ。

●見返り柳と福砂屋（ふくさや）
丸山の入り口なので「山の口」と呼ばれた。
カステラの老舗・福砂屋は、一六二四年の創業

●思案橋通り
「いこか戻ろか」の思案橋は、いまは道路の下にある。
船の修理などに使う漆喰を扱った「本石灰町（もとしっくいまち）」、
船の修理をした「船大工町（ふなだいくまち）」、
貿易品を運ぶ籠を作っていた「籠町（かごまち）」
へと続いている

●丸山
「丸山について考えるとき、私たちは、少しばかり寛大でならなければなるまい。遠く、三百年も前のことである。……歴史に生きた丸山を、そのありのままの姿で認容するという寛恕さが必要になってくる。野暮用お断り。そういう固い人は、山の口の福砂屋の前から引き返せばよいのであって……」（「花月唐人の間」）

●花月瓦の間

◆丸山

「貿易センター」の町には、港の警備や商売のため、各地の藩や商家から多くの人々がやってきた。長崎奉行に至っては、いちど任を務めれば一財産を築くことができたという。さらに海外へ渡ることのできない時代、未知なる世界の学問や芸術に触れられるのは、やはり長崎だった。それを求め、全国から留学ならぬ「遊学」する者が集まった。

彼らがこぞって繰り出したのが、花街・丸山だ。井原西鶴は「長崎に丸山という所なくば　上方の金銀無事に帰宅すべし」とつぶやいたが、国許では出会うことのない人たちと、立場や利害をいったん保留しつつ「異業種交流」することで、得るものは大きかっただろう。

長崎にとって丸山は、官民挙げての社交の場、貿易を潤滑に運営するための重要な部署であり、訪れる者たちに有形無形の財産をもたらしていた。

いまなお花街の情緒がただよう丸山は、しばし散策したい。「身代わり天神」とも呼ばれた梅園天満宮、かつての敷地を囲む高くて厚い塀や「あかずの門」には、華やかさだけでなく、遊女の悲哀も感じられる。彼女たちは基本的には「塀の中」で生きており、出かけるとすれば、そこはおなじく閉ざされた出島と唐人屋敷であった。

●丸山路地

●丸山夜情（長崎県美術館蔵）

●婦人像

●卓袱料理
長崎の宴席で出される卓袱料理は、席の上下にこだわらず丸いテーブルを囲み、
大皿に盛られた料理を直箸で取り分ける。
「この里には最新の流行があった。甘美な趣味と、味覚があった。
そして風雅の士は好んで出入りし、独自の絵と音楽と、文学の開花さえみられた。」(「花月唐人の間」)

唐人屋敷と出島

◆唐人屋敷跡

大徳寺の大きなクスノキを過ぎ、籠町の通りを抜けると、大きな中国風の門が見えてくる。

幕府による町と貿易の管理が次第に強められるなか、一六八九年、堀と塀に囲まれた約九千四百坪の唐人屋敷が完成する。出島へのポルトガル人収容、それに次ぐオランダ商館の移設から約五十年。市中に暮らしていた中国人が、密貿易などを防ぐために収容された。現在は館内（かんない）町。「唐館」の「内」なので「館内」というわけだ。古い石畳の坂道や石垣に、当時の空気を感じながら巡ってみよう。

唐人屋敷の西側は「みさき道」の出発点だった。終点の長崎半島南端には「遠見番所」が設けられ、唐船やオランダ船が東シナ海から現れると、信号旗や石火矢の砲声をリレーしていた。

●館内路地

●天后堂

●土神堂

●媽祖（天后堂）

◆湊公園

唐人屋敷跡から新地中華街方面へ向かうと、またも中国風の「湊公園」が見えてくる。名前の通り、元は唐人貿易の荷物を揚げる「湊」だった。すぐ隣は中華料理店やみやげもの店が並ぶ新地中華街で、こちらも元は海であり、火事や密貿易防止のための倉庫用地として造成された「新地蔵」だった。ちゃんぽんは、当時まだ現れていないので、また後のお楽しみだ。

新地蔵だけでなく、開港後のナンカミサキを固めた石垣、町の造成、眼鏡橋、出島、丸山、唐人屋敷……と、長崎の歴史は、土木工事の歴史でもあった。

中華街を抜けると、もう出島が見えている。

出島へ渡る電車通りは、人工島の新地蔵と出島に挟まれた河口だったところ。人や車の複雑な流れが、昔の水の流れを思わせる。大きな銀行の場所には、干しアワビやナマコ、フカヒレなどの「俵物（たわらもの）」を扱う役所があり、全国から大坂に集められた高級食材を、海外へ輸出していた。

●湊公園
冬のランタンフェスティバルのメイン会場となる。将棋を指す人たちもいて、中国の街角のよう

●中華街にある新地蔵跡の碑

●なんばんえびす
江戸時代に造成された土地はここまで。いわば「人工岬」だったところを、西洋と海の神さまが融合しながら守っている。そばに架かるのは「おらんだ橋」。十八親和銀行本店そば

◆出島

ゴールは出島だ。このあたりは明治以降に大規模な変流工事と埋め立てが行われ、江戸時代までの地形は失われている。出島も海に突き出してはいないが、敷地内の建物はずいぶん復元された。面積は約四千坪で、唐人屋敷の半分以下。端から端まで歩いても、十分とかからない。

出島がオランダ商館だったのは、一六四一年から一八五八年までの二百十七年間で、閉ざされた日本の小さな窓口として、西洋の文物や知識、世界情勢を伝えてきた。そのあいだには、オランダ本国の戦争や、長崎港への外国船の来航など、いくつもの事件や危機が起きたが、商館員と長崎の人々はお互いを支え合いながら乗り切った。

「鎖国」から二百年が経とうとするころ、世界の情勢は刻々と変わっていた。アヘン戦争では清がイギリスに屈し、日本近海にも、オランダ以外の国の船やアメリカの捕鯨船が出没しはじめる。出島最後の商館長は、ペリーが日本に向かっているとの情報と開国の進言を持って来日したが、幕府の反応は鈍かった。

一八五三年、ペリーの艦隊が、日本の窓口が長崎であることを無視して浦賀に現れる。その年、長崎にはロシア使節の艦隊が、翌年にはイギリスの艦隊が入港。各国との条約が次々に結ばれて「鎖国」は終わり、長崎そして出島は「西洋への唯一の窓口」ではなくなった。

しかし一度は役目を終え、忘れられかけた出島が、いま甦ろうとしているのはなぜだろうか。そんなことも思いつつ、海に浮かぶ出島を想像しながら歩いてみたい。

●出島
二〇二一年現在、十六棟の建物と表門橋が完成している。建物によっては当時の資料から壁の中まで復元されているほか、解説展示も充実

●出島蘭館内植物園

●蘭館

●出島の門
「AMUSTERDAM ANNO 1640」と刻まれた青銅の大砲は、昭和二十九年に浦上川の河口で発見された。（現在は屋内で展示）

出島にまつわる人物でもっとも知られるのは、一八二三年にやってきた商館医のシーボルト（1796-1866）だろう。

自然科学や民族学なども幅広く修めていた彼は、学術的関心と貿易のための調査を兼ねて、動植物の剥製から手工芸品、着物に歯磨き粉、風俗習慣を描いた絵図まで、あらゆる資料を収集した。

江戸参府の際には国家機密レベルの情報も手にしており、それゆえ「スパイ」的な見方をされることがある。しかし彼が日本や長崎とその人々に対して抱き、抱かれた気持ちは、単なる任務や好奇心に収まりきれないものではなかったろうか。

少なくとも、現在の私たちが当時の自然や生活の様子を具体的に知ることができるのは、彼の研究成果によるところが大きい。

郊外に開いた研究所「鳴滝塾」には、全国から門人が集まった。海の出島が貿易の窓口なら、ここは「学問の出島」であったろう。その跡は国指定史跡となっており、隣接して、オランダの旧宅を模した記念館がある。

シーボルト記念館
長崎市鳴滝2丁目7−40
午前9時～午後5時
月曜日（祝日は開館）、年末年始休
095-823-0707

●シーボルト通りと記念館

【コラム③】

天に向かう甍

ふるさとの山はありがたきかな。心ある人は、師走の一ときを、崇福寺の後山に展開する長崎の自然と歴史の美しい諧調の中に己を解きはなたれるとよい。心にくいばかりの唐寺の甍の反り、それらを静かに抱擁する町の家並み、にび色の港、そこに脈うつ庶民のいとなみ。やがてこの鐘鼓楼の鐘が除夜を告げるだろう。(『海西法窟』→P.38)

◎崇福寺

●禅寺蘭秋

禁教後、唐人たちも「非キリシタン」であることを表すため、出身地ごとに興福寺、崇福寺、福済寺を建立し、僧侶を大陸から招いた。興福寺の隠元禅師は京都で万福寺を開き、日本の黄檗宗が始まる。煎茶や原稿用紙、明朝体などは、ここから伝わった「黄檗文化」だ。

「唐寺はおおらかでこころよい。」

田川は二つの寺と、のちに作られた聖福寺を加えた「唐寺」を愛し、多くの作品を描いた。

●唐寺秋色

●黄檗書意

◎聖福寺

この塀はいずれも不用になった大屋根の鬼瓦や煉瓦、庇の袖瓦などをいとも無造作にはめこんである。その組み合せ方が、無技巧ながら一つの流れを持ち、直線と曲線のかもし出す光景は、非常に絵画的であると同時に、その背後にある歴史がしみじみと感じられる。ここでは鬼も悪鬼羅刹のたぐいではなく、忠実な護法者と化している。(『唐寺の鬼塀』)

◎福済寺

●福済寺青蓮堂より中町天主堂を望む(昭和九年作)

福済寺から上に登ると、五社山、立山、金比羅と続いており、そこからは応挙の名画のように長崎港が縦に見えるという珍しい風景を満喫できる。(『長崎港遠望』)

唐寺峨眉
N'SAKI '58
Kén

●唐寺峨眉
屋根の向こうに見えるのは「長崎人は、だれでもこの山に深い郷愁をもっている。」という彦山。田川によれば「この山は諏訪から聖福寺の間で眺めるのがもっとも美しい。」（「彦山・長崎の主峰」）

●唐寺の鬼塀

田川が出会ったとき、すでに三百年を超える時を重ねていた唐寺だが、やがて福済寺は原爆で燃え尽き、残る寺も周りの景色はずいぶん変わった。それでも唐寺には、いまも作品そのままの情景がある。ひととき見比べてみれば、深い歴史とともに、版画家の目と重なりあうような時間を過ごすことができるだろう。

のぼり来し
福済禅寺の
石だたみ
そよげる小草と
おのれ一人と
茂吉

●福済寺羅漢

◎興福寺

向かって左、大雄宝殿。右、媽祖堂。奥に鐘鼓楼。この三つの建物をよりどころにして、中国民俗信仰の壮大な夢が展開している。すなわち天への指向である。たくまずしてシンメトリーを形成するが、みずからそれを破り、からだをそらせ、くねらせ、身もだえしてのたうち、しかしあくまでも天への恭順を失わない。石段を一歩登るごとに手前の屋根が沈んで、向こう側がせり上がってくる。そこには確かに生きものが潜んでいる。だがその生きものの名が、どうしても言葉になって出てこない。(『三十年目の絵』)

●興福寺の屋根

●飛龍の屋根(部分)

「興福寺の屋根」のあいだに見えるのは、明治四十一年に建てられ、昭和三十九年に解体された商工会議所。三十年後におなじ構図で描かれた「飛龍の屋根」には長崎市公会堂が見えるが、これも平成二十九年に解体された。

●黄檗興福寺

コース④

開国〜信徒発見〜近代化〜原爆

- 大浦海岸通り（バンド）
- ←大浦天主堂
- ←祈念坂
- ←南山手レストハウス
- ←「人間の丘」と大浦の町
- ←オランダ坂
- ←新地中華街
- ←「出島」電停
- ←（路面電車）
- ←「浦上車庫」電停
- ←サンタ・クララ教会跡
- ←爆心地公園

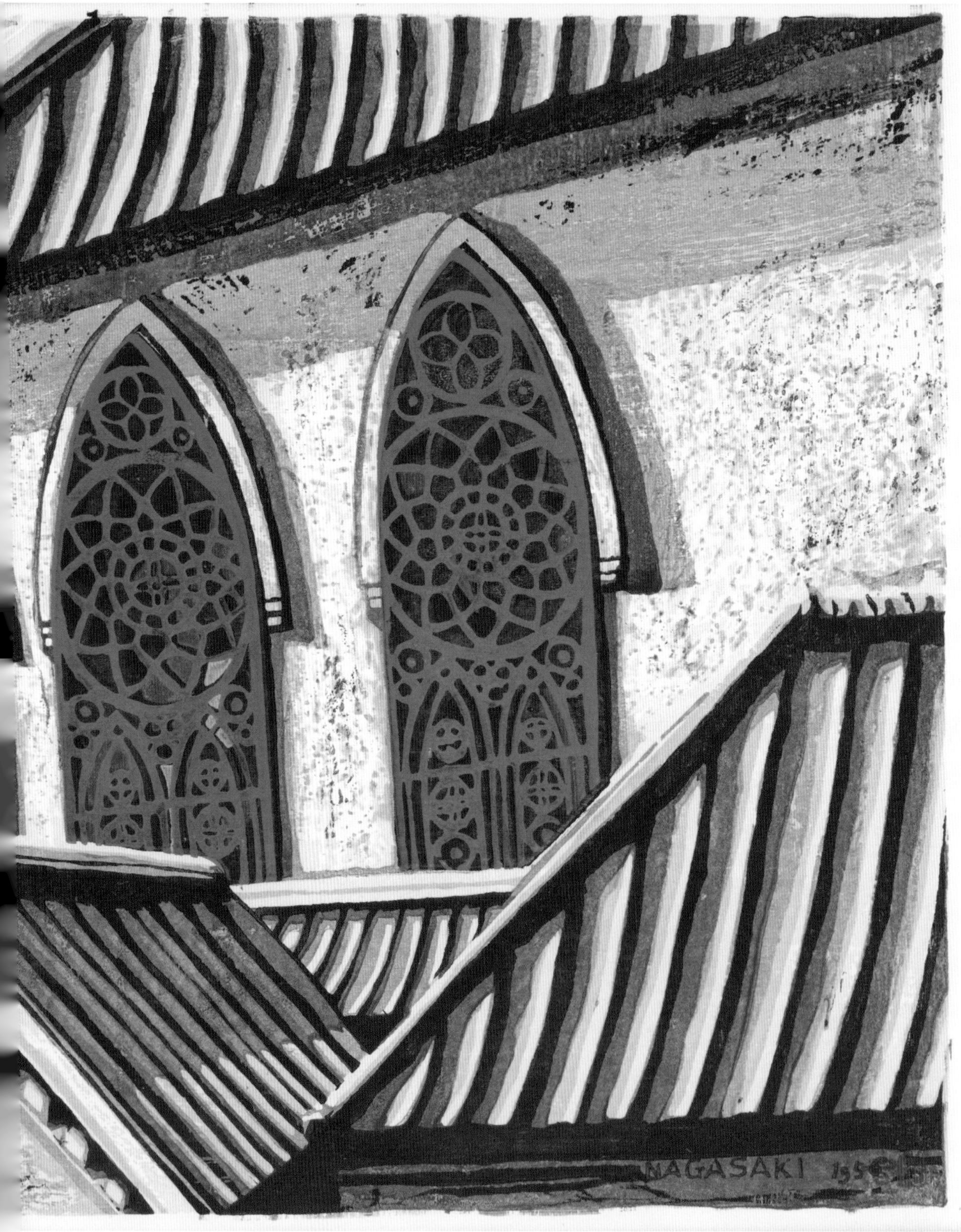
NAGASAKI

●十字薔薇の窓（長崎県美術館蔵）

年表【開国〜信徒発見〜近代化〜原爆】

一八六一（文久元）　長崎製鉄所、小島養生所開設
一八六二（文久二）　二十六聖人がローマで列聖される
一八六五（慶応元）　信徒発見。グラバーの蒸気機関車走行
　亀山社中結成
一八六七（慶応三）　浦上四番崩れ。箇所銀と竈銀の廃止
一八六八（明治元）　長崎奉行退去。浦上キリシタン配流
　日本初の鉄橋できる
　【開港三〇〇年】
一八七二（明治五）　明治天皇の長崎巡幸。島原町は万才町に
一八七三（明治六）　キリシタン禁制の高札が撤去される
一八七七（明治十）　西南戦争が起こり、兵站基地となる
一八九四（明治二十七）　日清戦争始まる。翌年、講和条約調印
一八九九（明治三十二）　居留地が廃止される。要塞区域となる
一九〇四（明治三十七）　日露戦争始まる。翌年、講和条約調印
一九一四（大正三）　浦上天主堂が献堂。第一次世界大戦始まる
一九二〇（大正九）　第一回国勢調査。長崎市の人口は十七万六千五百三十四人。（九州第一位、全国第七位）
一九二二（大正十一）　出島和蘭商館跡、シーボルト宅跡、高島秋帆邸が国指定の史跡になる
一九二三（大正十二）　日華連絡船の長崎丸、上海丸が就航
一九三七（昭和十二）　日中戦争始まる
一九三九（昭和十四）　第二次世界大戦始まる
一九四〇（昭和十五）　三菱長崎造船所で戦艦武蔵が進水
一九四五（昭和二十）　八月九日午前十一時二分、原子爆弾投下される
　死者七万三千八百八十四人、被災戸数一万八千四百九戸

●唐寺聖福寺の扉にある桃

●日露戦争（1904−05）時にモスクワで発行された絵葉書（『華の長崎』長崎文献社）

三菱重工業長崎造船所
ジャイアント・カンチレバークレーン
長崎港
稲佐国際墓地
悟真寺
浦上川
長崎ブリックホール
JR浦上駅
城山小学校
市民総合プール
陸上競技場
ビッグNスタジアム
平和公園
原爆落下中心地公園
長崎原爆資料館
原爆死没者追悼平和祈念館
稚桜神社
如己堂
長崎大学医学部
浦上天主堂
坂本国際墓地
山王神社
長崎大学医学部附属病院
JR長崎本線
長崎県庁
出島メッセ
JR長崎駅
鉄砲ン玉
日本二十六聖人殉教地
本蓮寺
福済寺
「出島」～「浦上車庫」間は路面電車で移動
旧県庁跡地
中町教会
出島和蘭商館跡
長崎市立図書館
長崎地方法務局
長崎市役所
聖福寺
西勝寺
長崎東高
砲台跡
サント・ドミンゴ教会跡資料館／桜町小学校
眼鏡橋
長崎歴史文化博物館
長崎市民会館
長崎公園
立山公園
諏訪神社
西山神社
松森神社
長崎金星観測碑観測台
大音寺
興福寺
伊勢宮神社
風頭公園
亀山社中跡
上野彦馬撮影局跡
若宮稲荷神社
長崎大学経済学部
春徳寺／トードス・オス・サントス教会跡
心田庵
東海家の墓
古橋（中川橋）
シーボルト宅跡
鳴滝高
片淵近隣公園
西山高部水源地
長崎バイパス
西山トンネル
花月
コース④
開国～信徒発見～近代化～原爆
小曽根町
南山手町
国際観光船ふ頭
長崎水辺の森公園
旧グラバー住宅
旧香港上海銀行長崎支店
大浦天主堂
旧長崎税関下り松派出所
大浦海岸通電停
大浦天主堂電停
常盤町
旧長崎英国領事館
石橋電停
メディカルセンター電停
東山手洋風住宅群（7棟）
東山手十二番館
東山手町
湊公園
新地中華街
どんの山
長崎養生所跡
高丘
大浦国際墓地
旧唐人屋敷
大徳寺の大クス
白山墓地
至 赤迫
至 長崎バイパス
大橋町
ベアトス様の墓
浦上車庫
山里小
長崎南山高・中
帳方屋敷・如己堂
サンタ・クララ教会跡
サン・フランシスコ・ザベリオ堂跡
中国総領事館
カトリックセンター
浦上天主堂
平和公園
JR長崎本線
松山町
旧浦上天主堂の遺構
爆心地公園
長崎大学医学部

□は散策エリア

開国と信徒発見

コース4では、鎖国時代の窓口としての役割は終えつつも、なお貿易の町、近代化の町として新たな道を切り開いた長崎を歩いていく。まずは旧外国人居留地をたずねてみよう。

◆大浦海岸通り

スタートは「長崎みなとメディカルセンター」前から。歴史を匂わせる石碑や看板がいくつも立っている。「運上所」は開国後すぐに開かれた長崎税関の前身。ここでは坂本龍馬が「イカルス号事件（※）」の裁判に立ち会った。グラバー邸で知られるトーマス・グラバーが日本で初めて蒸気機関車を走らせた「我が国鉄道発祥の地」でもある。

三方を山に囲まれた長崎の町は、鎖国下の貿易には、その狭さがむしろ適していた。しかし開国後に多くの外国人がやってくると、たちまち土地が足りなくなった。そこで町の南側の丘を次々に造成し、居留地としたのだ。かつて唐船が停泊し、浜遊びや潮干狩りが盛んに行われていた「大浦」の海辺は、外国の商社や領事館、ホテルが並び、上海の外灘（わいたん）のような「バンド」となった。

●長崎バンド
「昔の大浦海岸はきれいな街であった。
英国、米国、中国の領事館、NYK、MBK、スタンダード、ホーム・リンガー商会などがならび、
すぐ前の青い海に映えていた。」（「大浦海岸通り」）
手前の英国領事館は現存。右下に「BUND」の文字が見える

●現在の大浦海岸通り
左手の白い建物が
「長崎みなとメディカルセンター」。
江戸時代まで一帯は海だった

●グラバー氏と汽車

（※）泥酔して路上で寝ていたイギリス艦の水兵を、筑前藩士が殺害。当初、土佐藩の海援隊士が疑われ、取り調べや検証が行われた

●大浦天主堂聖母像
「門を入り、石段を登ると、背後にはしだいに青い港の眺望が展けてくる。
このみ堂（み堂とは信者たちの言葉である）の正面に当たる方角に、二十六聖人殉教の丘ーー西坂が見える。
これは二十六聖人の至福に捧げられたものだそうである。」（『大浦天主堂』）

◆大浦天主堂

路面電車の軌道とともに歩いて「大浦天主堂下」電停へ着くと、急に観光地の雰囲気が漂う。大きなホテルは、居留地時代にも外国人向けのホテルがあったところだ。そばの坂には土産物店が立ち並び、カステラの袋を下げた観光客や修学旅行生が行き交う。

一八六五年三月十七日、十数名の男女がこの坂を上り、完成したばかりの大浦天主堂を目指した。神父が彼らを招き入れて祈りを捧げていると、ひとりの女性が「私たちはみな、あなたとおなじ心です」と告げ「サンタマリアの御像はどこ？」と訊ねた。世界宗教史上の奇跡とされる「信徒発見」の瞬間だ。

天主堂と付属のキリシタン博物館では、当時のマリア像をはじめ、長崎のキリスト教にまつわる様々な資料を見ることができる。

●日本のマリアの寺
「長崎の風景は、長崎の方言でしゃべっている。今はあまり耳にしないが、私の幼ない頃は「大浦辯」というのをよく聞いた。長崎在住三十年のロシア老婦人は、今だにその訛りがなおらない。あたかも居留地の風物がそういうかげりを持っているかのように。それにこのフランス寺の古い石段は大浦辯のフランス語で話しかけてくる。長崎の底にはすべて幻燈のような歴史がある。それはここの風景に一種の風格と、根強い地方性と、美しい陰影をあたえている。」
（「日本の聖母の寺」）

◆祈念坂

大浦天主堂からはグラバー園を回るのが定番コースだが、ここでは天主堂の正面向かって左側の「祈念坂（きねんざか）」を上ろう。一歩入れば喧騒は静まり、お寺と神社が現れる。墓地には道教の「土神」も祀られているので、四つの宗教が接する不思議な空間だ。祈念坂の上からは、港が見える。天主堂ができたころはまだ埋め立ても進んでおらず、西坂の丘、そして浦上までもが見渡せたはずだ。

「信徒発見」ののち、浦上のキリシタンたちは秘密教会を作り、信仰を新たにしていた。一八六七年、仏寺に依ることなく葬儀を行ったことが公になると、幕府は彼らを捕縛。それに次ぐ明治政府は村民を各地に配流し、大弾圧の「浦上四番崩れ」となる。西欧諸国の強い抗議を受けて、禁教の高札が降ろされたのは、六年後の一八七三年だ。約三千四百人のうち、六百六十人余りが厳しい拷問などで命を落としていた。浦上に帰った信徒たちは、これを「旅」と呼んで語り伝え、食うや食わずの生活の中で、自分たちの天主堂の建設を目指した。

●祈念坂
作家・遠藤周作も好んで訪れたという

居留地と人間の丘

◆南山手レストハウス

祈念坂を上りきると「南山手レストハウス」だ。幕末に作られた洋館が休憩所として公開されているので、ひとやすみしていこう。石と木を組み合わせ、日本の職人が精一杯「洋風」に作った建物には、ここに暮らした人々のエピソードなども展示されている。

観光名所・グラバー園の第二ゲートはすぐ近く。世界遺産のグラバー邸を中心に、いくつもの洋館がある。どれも見ておきたいが、これまで歴史の気配を探しながら歩いてきたので「現物」の存在感に圧倒されすぎるかもしれない。機会をあらためるのもいいだろう。(→P.113)

●グラバー園からの眺め
幕末からの歴史を持つ三菱重工長崎造船所の工場や、明治四十二年に建設された、世界遺産のジャイアント・カンチレバークレーンを望む

●南山手レストハウス
南山手町7-5
9時～17時
年末年始休
095-829-2896

◆「人間の丘」と大浦の町

レストハウスのそばは展望公園になっている。斜面いっぱいに建てられた家々が迫りくる眺めを、田川憲は「人間の丘」と称した。

ここからは大浦の町に下ろう。坂の町ならではの斜行エレベーターに乗ってもいいし、猫と出会いながら歩いてもいい。

居留地時代の大浦は、外国人向けのホテルや酒場、商店が並んでいた。当時から続く精肉店やクリーニング店などのたたずまいとともに、庶民的な雰囲気が漂っている。

開国後の長崎は「西洋への唯一の窓口」ではなくなったものの、これまでの「実績」と、欧米のアジア拠点のひとつである上海との近さもあり、しばらくは賑わった。イギリス商人・トーマス・グラバーや、長崎の女傑といわれる大浦お慶が幕末の志士たちを援助したのは、その財によるものだ。しかし貿易の場は横浜や神戸など大都市圏の近くに移り、明治三十九年には居留地制度も廃止。開港以来、貿易都市であった長崎と居留地の役割は失われていく。

一方、港外の高島に近代的な炭鉱が開発され、幕末に開かれた長崎製鉄所が三菱の造船所として発展するなど、工業都市として日本の近代化の大きな原動力となった。

●東山手の丘
「人間の丘」の現在

●人間の丘（続II）

◆オランダ坂

これまでは西洋的な異国情緒を歩いてきたが、大浦川を超えると中国の香りが混じってくる。極彩色の屋根は明治期から続く「長崎孔子廟」で、かつては華僑の子どもたちの学校もあった。その裏手の、レンガ塀と洋館が連なる「オランダ坂」を上り、反対側に下れば、そこもまた「オランダ坂」だ。様々な国の人が暮らしてなお、長崎の人にとっては「西洋人＝オランダ人」であった。坂を下りきったら右へ曲がり、スタート地点の長崎みなとメディカルセンターの裏を通って、新地中華街へと向かう。

●オランダ坂
七棟の「東山手洋風住宅群」が、資料館やワールドフーズレストランとして公開されている

●港へ下る道

●ユダヤ教会（長崎県美術館蔵）
湊公園近くには、ユダヤ教の会堂（シナゴーグ）があった。「安政の開港とともに、長崎に流れ、ここを永住の地と定めたユダヤ人は相当の数にのぼったにちがいない。……このジナゴーグでは何人かのユダヤ人たちが寄り添って、神秘めいた燭火を祭壇にあげ、奇怪な祈祷をしていた。それを子供心に一種のおののきを持って覗きに行ったのを私は忘れない。」（「ユダヤの火」）

◆新地中華街

江戸時代に貿易品を収める倉庫群として造られた新地蔵は、開国後は華僑の住宅や店舗として使われた。日清戦争の時期には激減したが、その後はふたたび多くの華僑がやってきて、コミュニティができる。そこは横浜や神戸に渡る華僑の足掛かりであり、中国の革命派の拠点ともなった。長崎の実業家・梅屋庄吉は孫文を厚く支援している。

この時代、中国の若者たちのお腹を満たしていたのがちゃんぽんだ。現在は大浦に店を構える「四海樓」の初代主人が、手ごろな材料をたっぷり入れて作ったのが始まりとされる。激動の時代、故郷を離れて異国に渡り、夢はありつつ「グゥ」と鳴るお腹に、具沢山で熱々のちゃんぽんを食べる時のうれしさは……？　そんな思いも感じながら、一杯のちゃんぽんを味わってみよう。

●ちゃんぽん
店それぞれに味は違う。お気に入りの一杯を見つけよう

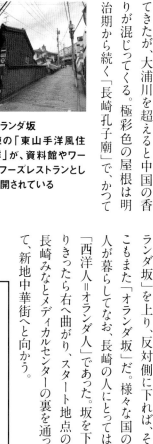

進む近代化、そして

◆明治の埋立地

中華街からは、水色の旧出島神学校を目印に、出島へと向かう。開国後の出島は居留地の一部になり、必要に応じて周りが埋め立てられた。さらに中島川の変流工事で内側が大きく削られ、「西洋への唯一の窓口」だった扇型の島は失われてしまう。現在は、かつての扇型の外側に沿って溝が作られており、潮の干満や、時には蟹が横切っていくのが見える。つまり溝から海側は、ぜんぶ明治以降に埋め立てられた土地なのだ。

埋立地は、出島の扇型にちなんでか、要町（かなめまち）や末広町と名付けられた。時代を表していたのは千馬町（せんばちょう）だ。日露戦争のころ、ここにたくさんの軍馬が繋がれ、出征したことに由来している。馬草から種がこぼれ、しばらくは草原になっていたという。

●出島のつりばし（長崎県美術館蔵）

●出師橋と梅ヶ崎本局
日露戦争時の出征時に使われた「出師（すいし）橋」

●千馬町の電柱表示
町名は失われたが地名はかすかに残る

●出師橋跡
銅座川の変流工事により、昭和三十六年に撤去された

●第二次大戦中の出島周辺（「復元！　被爆直前の長崎」©布袋厚）

◆立ち並ぶ軍需工場

ここで、復元された水門の向かいにある「出島」電停から「赤迫」行きの路面電車に乗ろう。チンチン電車として親しまれている長崎電気軌道の運行開始は、大正四年。その軌道敷は、ほとんどが明治以降の埋立地だ。

電車は南蛮船が入港した「大波止《おおはと》」、唐船や廻船が係留されていた「元船町《もとふなまち》」、開港当初に作られた「五島町」へと進んでいく。

護岸工事も進んだ長崎港には、大型の船が付けられるようになり、大正十二年には「上海航路(日華連絡船)」も開かれた。所要時間は二十六時間。乗客は国内旅行並みの気軽さで「下駄履きの上海」を楽しんだ。

長崎駅と二十六聖人殉教地(西坂)のあいだを抜けると、より平らな土地が広がっている。「八千代町《やちよまち》」「宝町《たからまち》」「幸町《さいわいまち》」とおめでたい名前が付きながら埋め立てられた土地は、かつて崖の上の細道で行き来した長崎と浦上を、ひとつの町につないでいった。

大正から昭和にかけ、そこには続々と大小の工場が建てられていく。現在、浦上川沿いには、大きな観覧車が回る「みらい長崎ココウォーク」や「長崎ブリックホール」「長崎新聞社」など、大型の施設やビルが並んでいるが、これらは戦時中はすべて、兵器製作所や製鋼所といった三菱の工場だったところだ。

開港から約三百五十年を過ぎるころ、貿易の町だった長崎は、開国と近代化を経て軍需産業都市になっていた。

●上海丸入港之図
(堀田武弘氏蔵『版画長崎』第三輯より)
上海の日本人街には長崎出身者が多く「長崎県上海市」と呼ばれたほど。戦時中には田川も暮らした

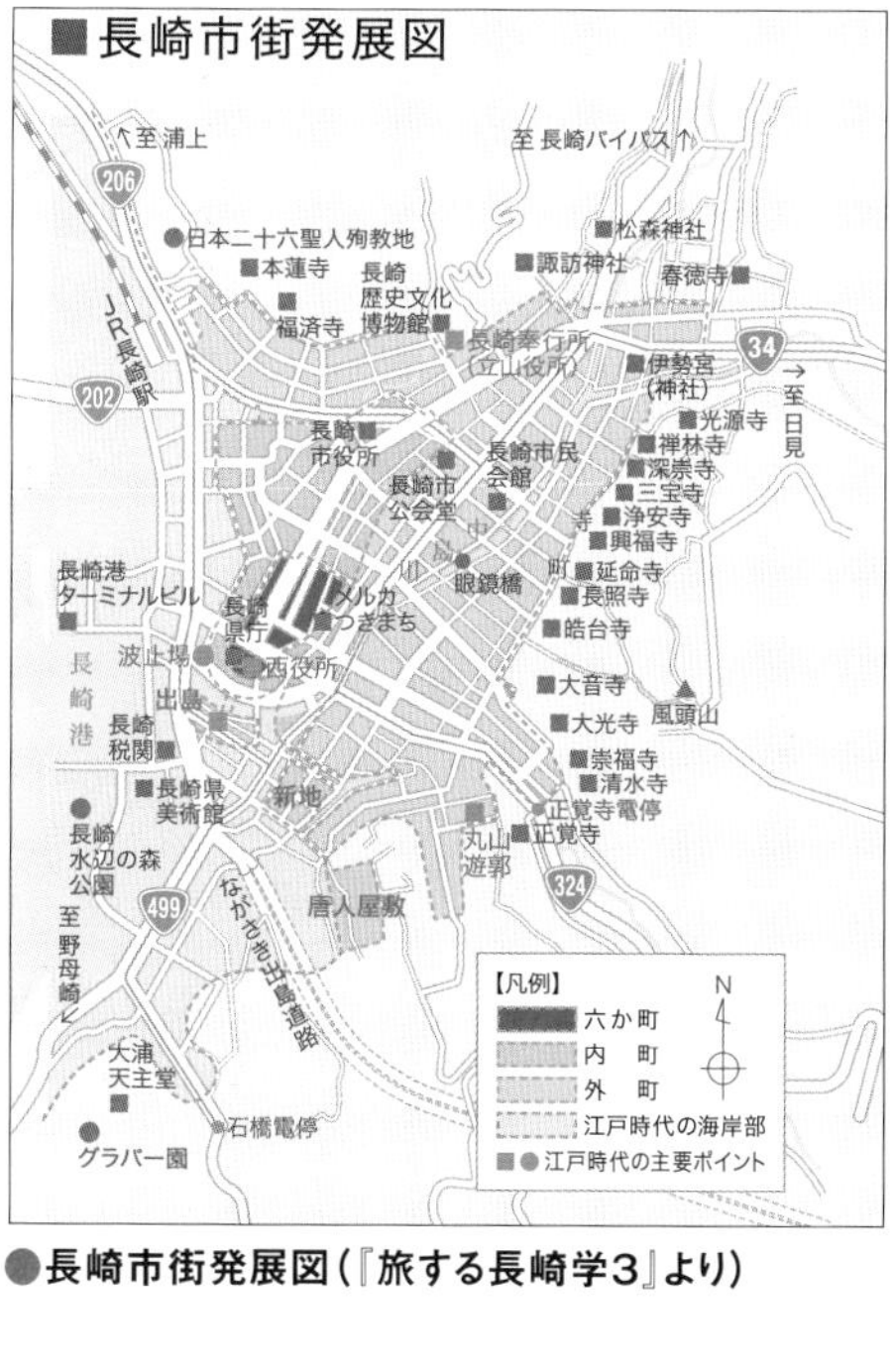

●長崎市街発展図(『旅する長崎学3』より)

●浦上から浜口へ
「浜」の「口」だった「浜口」周辺。元々はこのあたりまで港が入り込んでいた。江戸時代に干拓されて「浦上新田」が開かれ、蓮の名所ともなった

●出島沿いの路面電車軌道。正面の建物は復元されたカピタン(商館長)部屋

●聖ミカエル像
中山文孝が描いた浦上天主堂旧蔵の天使像を版画にした作品。中山は長崎出身のグラフィックデザインの先駆者

●浦上天主堂（「華の長崎」長崎文献社）
信徒がひとつひとつレンガを積み上げた天主堂は「東洋一」と賞された

●サンタ・クララ教会跡
一六〇三年にスペイン人宣教師によって作られ、禁教により破却。信者たちは潜伏キリシタンとなった

●マリヤかんのん（『詩と版画』より）
潜伏中、観音像を聖母マリアに見立てて信仰の対象とした

●「三菱兵器」の標柱
長崎大学裏手には、兵器製作所大橋工場の標柱が保存されている

◆サンタ・クララ教会跡 〜浦上天主堂

「浦上車庫」で電車を降りたら国道のほうへ出る。工場群はこの先の「長崎大学」キャンパスの敷地にあった「三菱長崎兵器製作所大橋工場」や、さらに北の「三菱兵器住吉隧道（トンネル）工場」まで広がっており、戦時には動員された学徒らによって魚雷などが作られていた。

「サンタ・クララ教会跡」から川を渡って「サントス通り」に入り「山里小学校」前の信号を渡る。なだらかな坂を上ると、浦上天主堂が見えてくるだろう。信徒が捕縛され「浦上四番崩れ」のきっかけとなった秘密教会の跡もある。

禁教下の二百五十年以上、キリシタンはこの土地で信仰を守った。彼らは「信徒発見」の奇跡から「浦上四番崩れ」と「旅」を経て故郷へ戻り、かつて絵踏みをしていた庄屋屋敷の跡を買い取って、壮麗な煉瓦造りの教会を建てた。一八九五（明治二十八）年に着工し、十九年後に献堂されたが、双塔の鐘楼まで含めた完成は、三十年後の一九二五（大正一四）年であった。

坂を下ると、浦上天主堂通りの商店街だ。天主堂はコース5で訪れるので、ここでは商店街を天主堂とは反対方向へ歩いていこう。

◆昭和二十年八月九日

松山町交差点に出る。交通量の多い国道に重ねて想像するのは難しいが、第二次世界大戦中までは、この一帯も商店街だった。

一九三七年に日中戦争、一九四一年に第二次世界大戦が始まり、戦局は年を追うごとに厳しくなった。とはいえ、生きていれば毎日の暮らしがあり、戦争も日常となる。人々はわずかな食料を求めて何時間も配給の列に並び、庭で育てた芋を弁当にして工場へ通っていた。

ゴールは「爆心地公園」だ。当時の町を復元した地図があるので見てほしい。ひとつひとつの建物に名前と業種が書き込まれている。肉屋の山口さん、牛乳配達所の高木さん、染物屋の古瀬さん、米屋の古賀さん、あめ屋の小野さん、かまぼこ屋の添島さん……。一九四五（昭和二十）年八月九日の朝までは、そんな町が広がっていた。

午前十一時二分、黒い柱が示す空の上で、プルトニウム型原子爆弾が炸裂。半径二キロ内の建物は全壊全焼し、人々は骨や炭となった。商店街は跡形もなくなり、浦上は原子野と化す。

当初は長崎の中心部、眼鏡橋下流の常磐橋付近が目標で、浦上に投下されたのは天候による事情が大きかった。ただ、西坂の丘にいくらかはさえぎられた旧市街地でも、爆風で窓ガラスが砕け、傾いた建物も多くあった。延焼や発火による火災も発生。特に開港以来のナンカミサキ一帯は、ほぼ全焼した。

当時の長崎の人口は、約二十四万人。原爆による死者は約七万四千人、負傷者は約七万三千人とされる。三人に一人が命を落とし、三人に一人が傷付いたのだ。原爆投下の六日後、戦争は終わった。

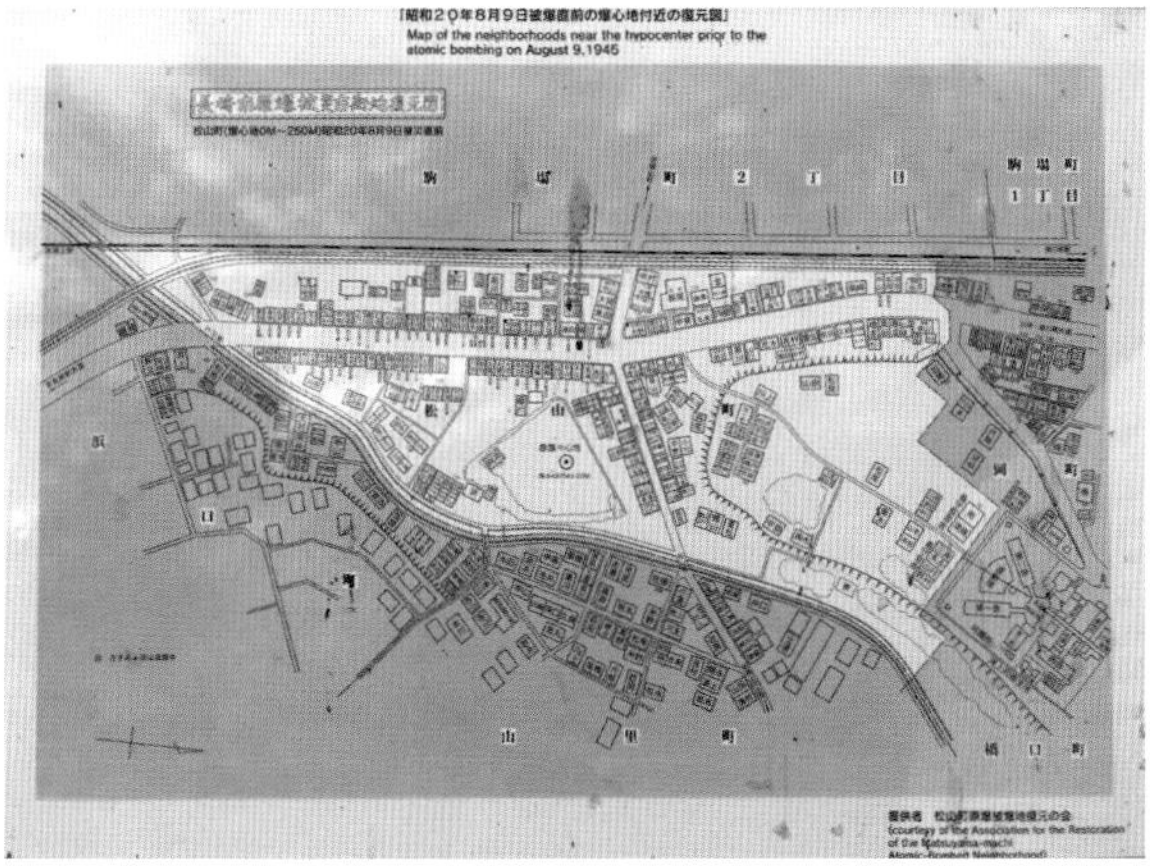

●長崎市原爆市街地復元図
爆心地がある松山町の生存者は一名とされる

●爆心地標
原爆はこの五百メートル上空で炸裂した

●被爆時の地層
土の中に閉じ込められた茶碗のかけらが、いまも生々しい

二つの庭

【コラム④】

●グラバー氏の庭

グラバーさん（倉場富三郎）は、海岸通のリンガー商会のパートナーだったので、毎朝そこに出社した。昼食は自宅でとる。時計のような正確さであった。まだ観光客などという不躾な人種は一人も見かけない。それほど静かな居留地の靴音であった。もちろん、自分の邸内にも、知らぬ人はだれも入れなかった。特に許しをえて、この庭を写生する最初の栄誉を、私はいただいた。庭の美しさはしっとりしたものがあった。グラバーさんの愛情が、その美しさを磨きつづけたのだろう。（「グラバー氏の庭」）

建物も庭も、それ自体には何ら特別に個性的なものはないが、ここほど長崎らしさの芳香をまきちらすところはあるまい。なぜなら、居留地のあらゆる洋館の中で、ここがもっとも港に近接しているし、またここからの落日の眺めほど美しいものはない。それにも一つ、私にとって忘れがたいのは、ここが倉場富三郎氏終焉の地だということである。死の黄昏の大落日に、彼は何を語ったか、それを聞いたのは彼の影だけだったであろう。長崎のよき時代もまた、彼とともに消えていったような気がする。（「南山手九番」）

●南山手九番

観光名所のグラバー邸にも、グラバー家の人々が生活していたころがあった。トーマス・グラバーがよく知られているが、その息子の倉場富三郎は、父が遺した事業に加えトロール船の事業を始めるなど、長崎の経済界の名士であった。

対岸の三菱長崎造船所で「戦艦武蔵」の建造が始まるころ、混血の富三郎は追われるように、坂の下の南山手九番へ居を移した。昼夜を問わない監視の中、庭の丹精が彼の慰めであったが、終戦の知らせも希望とはならず、この家でひとり、自らの命に終わりを告げた。

コース⑤

終戦〜復興〜現代

●浦上天主堂 ← ●長崎大学医学部（稚桜神社） ← ●山王神社 ← ●坂本国際墓地 ← ●浦上街道 ← ●西坂公園 ← ●中町教会 ← ●金屋町 ← ●ナンカミサキ

Ken
NAGASAKI, 1936

●長崎の庭（迎陽亭にて）

年表【終戦〜復興〜現代】

一九四五（昭和二十）　終戦。連合軍進駐
丸山の芸妓が諏訪神社でくんち奉納踊り

一九四九（昭和二十四）　昭和天皇が巡幸
長崎国際文化都市建設法が公布

一九五〇（昭和二十五）　日本観光地百選・都邑の部で、長崎市が全国一位に

一九五五（昭和三十）　国際文化会館、平和祈念像完成
米セントポール市と姉妹都市提携

一九五六（昭和三十一）　三菱長崎造船所の年間進水量が世界一に

一九六二（昭和三十七）　二十六聖人列聖百周年記念館と聖堂が完成。長崎市公会堂完成

一九六八（昭和四十三）　長崎市営球技場が松山町に開設。翌年、国体開催

一九七〇（昭和四十五）　長崎開港四百年記念祭
◎開港四百年

一九七五（昭和五十）　大村市に長崎空港できる（世界初の海上空港）

一九七八（昭和五十三）　長崎市が特定不況地域に指定される

一九八一（昭和五十六）　ローマ教皇ヨハネ・パウロ二世が来訪

一九八二（昭和五十七）　長崎大水害起こる。死者行方不明者二百九十九人

一九八九（平成元）　長崎市市政施行百周年。新長崎漁港開港

一九九〇（平成二）　本島市長銃撃事件起こる。長崎「旅」博覧会開催

一九九四（平成六）　新地中華街の「春節祭」が「長崎ランタンフェスティバル」へ

二〇〇五（平成十七）　長崎市と周辺六町が合併。長崎港に女神大橋が完成

二〇〇六（平成十八）　「長崎さるく博'06」開催（日本初のまち歩き博覧会）

二〇〇七（平成十九）　伊藤市長が選挙期間中に銃撃され死亡

二〇一九（令和元）　ローマ教皇フランシスコが来訪

二〇二一（令和三）　◎開港四百五十年

●長崎のハタ（凧）

●現在の長崎港

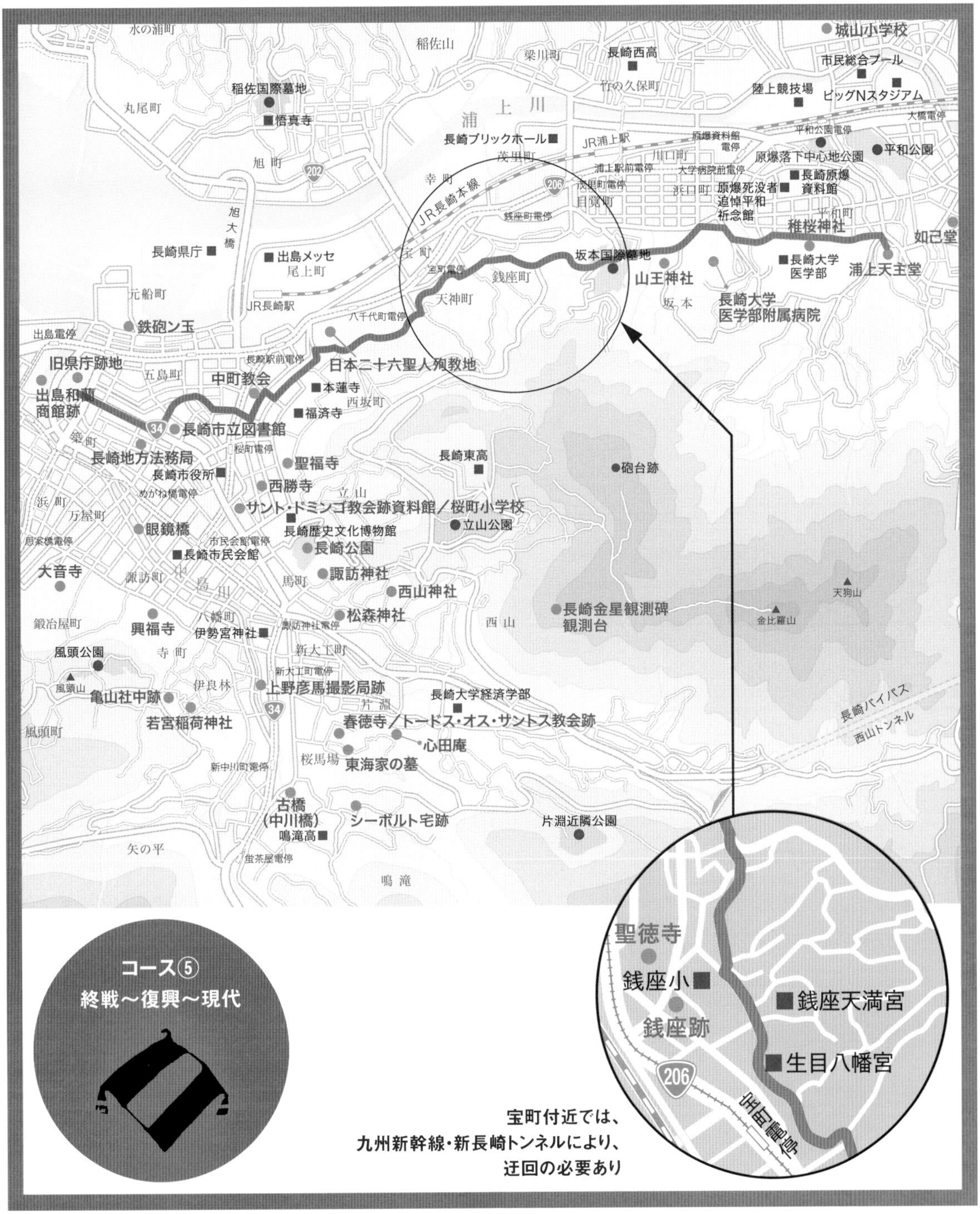

コース⑤
終戦～復興～現代
宝町付近では、
九州新幹線・新長崎トンネルにより、
迂回の必要あり
城山小学校
市民総合プール
長崎西高
陸上競技場
ビッグNスタジアム
稲佐山
梁川町
竹の久保町
水の浦町
稲佐国際墓地
悟真寺
丸尾町
浦上川
長崎ブリックホール
JR浦上駅
原爆資料館電停
平和公園電停
大橋電停
原爆落下中心地公園
平和公園
旭町
茂里町
川口町
浦上駅前電停
大学病院前電停
長崎原爆資料館
幸町
JR長崎本線
茂里町電停
浜口町
原爆死没者追悼平和祈念館
目覚町
平和町
銭座町電停
稚桜神社
如己堂
旭大橋
長崎県庁
出島メッセ
尾上町
宝町
宝町電停
坂本国際墓地
長崎大学医学部
浦上天主堂
銭座町
山王神社
元船町
JR長崎駅
天神町
坂本
長崎大学医学部附属病院
八千代町電停
出島電停
鉄砲ン玉
旧県庁跡地
長崎駅前電停
日本二十六聖人殉教地
五島町
中町教会
本蓮寺
出島和蘭商館跡
西坂町
福済寺
長崎市立図書館
銀屋町
桜町電停
長崎地方法務局
聖福寺
長崎東高
砲台跡
長崎市役所
西勝寺
めがね橋電停
立山
浜町
サント・ドミンゴ教会跡資料館／桜町小学校
万屋町
立山公園
長崎歴史文化博物館
眼鏡橋
思案橋電停
市民会館電停
長崎公園
長崎市民会館
大音寺
諏訪町
中島川
諏訪神社
馬町
西山神社
天狗山
長崎金星観測碑観測台
鍛冶屋町
八幡町
松森神社
金比羅山
興福寺
諏訪神社電停
西山
伊勢宮神社
寺町
新大工町
風頭公園
新大工町電停
風頭山
伊良林
上野彦馬撮影局跡
長崎大学経済学部
亀山社中跡
片淵
長崎バイパス
西山トンネル
若宮稲荷神社
春徳寺／トードス・オス・サントス教会跡
風頭町
心田庵
桜馬場
新中川町電停
東海家の墓
古橋（中川橋）
シーボルト宅跡
片淵近隣公園
鳴滝高
矢の平
蛍茶屋電停
鳴滝
聖徳寺
銭座小
銭座天満宮
銭座跡
生目八幡宮
宝町電停

原子野の息吹

産業の近代化を担いつつ軍需都市となり、原爆投下の標的とされた長崎は、大きな痛手を受けて終戦を迎えた。コース5では、戦後の復興から現代、未来へと続く道のりを歩いていこう。

◆浦上天主堂

スタートは浦上天主堂から。天主堂前の石垣は、浦上村の庄屋屋敷時代のもので、原爆の熱線を受けて焼けた痕が残っている。

開国後の「信徒発見」と「浦上四番崩れ」による過酷な「旅」、三十年に及ぶ天主堂建設を経て、浦上のカトリック信徒は一万二千人を数えていたが、原爆投下により八千五百人が亡くなった。原爆爆心地から約五百メートルの天主堂は大破し、正面の壁などを残すのみとなる。その年のクリスマスには瓦礫の中から「アンゼラスの鐘」が掘り出され、バラックが建つ原子野に打ち鳴らされた。

この鐘が、のちに医師の永井隆博士が記し、藤山一郎が歌って大ヒットした「長崎の鐘」（作詞　サトウハチロー／作曲　古関裕而）だ。その音は、いまも朝夕に響き渡っている。堂内には被曝マリア像、信徒会館の「原爆遺物展示室」には祭具や天使像が展示されているほか、教会の敷地内のあちこちに被爆した聖像がある。

●長崎原爆遺跡（浦上天主堂）（長崎県美術館蔵）
戦中戦後、長崎を離れていた田川は一九四九年に帰郷。その第一作となった。「焼けただれた使徒石像、首のもげたキリスト像、こわれた十字架をにぎりしめた手、それらの中に私は洗礼用の白い貝殻を一つ見つける。それには澄んだ雨水がたまっていた。それを見た時に私は何かほっとした。原爆をもってしても、なお亡ぼされぬ意志をそこに見いだしたからである。」（「亡ぼされぬもの」）

●天主堂そばの旧鐘楼
被爆直後には持ち堪えていたが、その夜に崩れ落ちたという

●浦上天主堂廃墟（部分）
「天使はその小さな手で、十字の壁を護っていた。人々は、その清純な捲毛のさきにありありと神のまなざしを感じた。そして、また最後の災厄がやってくる。壁を壊す心ない人の無残さよ。もう誰も天使の姿を見ることができない。」（「天使の壁」）

浦上天主堂の被爆遺構は一九五八年まで残されていたが、一部を爆心地公園に移設して撤去。翌一九五九年に、コンクリート造りの新しい天主堂が完成した。

●天のみどう再建

田川は遺構の撤去について強く異議を唱えていたが、新しい天主堂を前に「確かにその表面は変わったと思う。而しこの天主堂に関する限り、その深い層の流れは変わっていない事を悟る。……天主堂がこゝにあるということに一種の安堵めいたものを我々は受けるのである」（『長崎手帖』二十九号）とも記している。

●爆心地公園の天主堂遺構
天主堂の南側の壁の一部が移設されている

●如己堂
「長崎の鐘」を著した永井隆博士は、天主堂に近い小さな家で病に伏しつつ、数多くの著作を生み出した（→p.114）

◆長崎大学医学部（稚桜神社）

　天主堂から平和町方面へ下り、「医学部通り」を歩く。浦上は「七十五年は草木も生えぬ」とささやかれたが、長崎の町とあわせ復興は進んだ。「長崎国際文化都市建設法」により、道路や水道、街並みが整備されたほか、長崎国際文化会館や平和公園、平和祈念像などが建設されていった。

　道沿いには、長崎大学医学部のキャンパスが続いている。幕末の医学伝習所からの伝統を持ち、原爆の際は大きな被害を受けつつも、生き残った医師や看護師が、懸命な救護活動を行なった。「浦上の聖者」と称された永井隆博士もその一人だ。終戦から四年目、長崎では昭和天皇の巡幸とザビエルの渡来四百年祭があり、博士は昭和天皇とザビエルの聖腕のどちらにもまみえた。

　医学部正門の脇の茂みは「稚桜（わかざくら）神社」だ。古代の伝説に出てくる神功（じんぐう）皇后の祠と、皇后が三韓征伐の際にお腹を押さえて息子（応神天皇）のお産を遅らせたという「鎮懐石（ちんかいせき）」がある。すぐそばには原爆投下の十一時二分を示すモニュメントもあり、なんとも不思議な空間だ。

●医大薬草園（『長崎　東山手十二番館』より）
戦前の作品。レンガ造りの旧浦上天主堂が見える

●稚桜神社
お産を抑える「医療行為」の「鎮懐石」が
医学部のそばにあるのもおもしろい

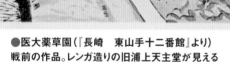

ここに限らず長崎港周辺には、神功皇后に由来する地名がいくつも見える。たとえ事実ではないにせよ、それを「我らが神話」として語りながら、あちこちの海や丘を行き来した人々が立ち寄り、ひとつの拠点やルートにしていた可能性はあるだろう。

開港以前の長崎については、史料がほとんど残っていないので、正確なことはわからない。しかしわずかながらではあるが、古代に人が訪れ、暮らしていた痕跡はある。コース4で見てきた、かつての港の最深部「浜口」はここからすぐ近く。

●被爆クスノキ
福山雅治の「クスノキ」はこの木をイメージして作られた。「残したい日本の音風景百選」でもある

対岸の城山の丘では、二世紀ごろのものと思われる中国の銭貨が発掘されており、大陸との交流をうかがわせる。

長崎の港は、ずいぶん昔から開かれていたのかもしれない。

◆山王神社

医学部キャンパスの丘を下ると、長崎大学病院がある。右手の浜口方面へさらに下り、長崎大学歯学部の前の道を、左の山手のほうに進もう。なだらかな坂と階段を上れば、大きなクスノキが見えてくる。原爆の熱線と爆風を受けて幹の三分の一を失い、枯れたかに思われたが、新たに芽吹き、現在は大きく茂っている。

山王神社は、原爆で半分を失ったまま立つ「一本柱鳥居」でも知られる。大きな被害を受けてなお生きるものたちは、そのまま長崎の町と人の姿でもあった。

●一本柱鳥居

●浦上街道沿いの山王神社

神社の前の道は「浦上街道」だ。古くより人と物が行き交った大村湾からの上陸地点である時津と長崎を結んでいる。一五九七年、京都からの長い旅を終えようとする二十六聖人もここを通った。当時はここにイエズス会の「サン・ラザロ」病院があったとされ、処刑前に最後の休息を取ったという。このクスノキの樹齢は五百～六百年とのことで、二十六人の耳にもその葉音が聞こえていたのだろうか。

ここからは、彼らのたどった道でもある浦上街道を、長崎の町へと歩こう。所々に小さなお堂や祠があり、歴史を感じさせる。

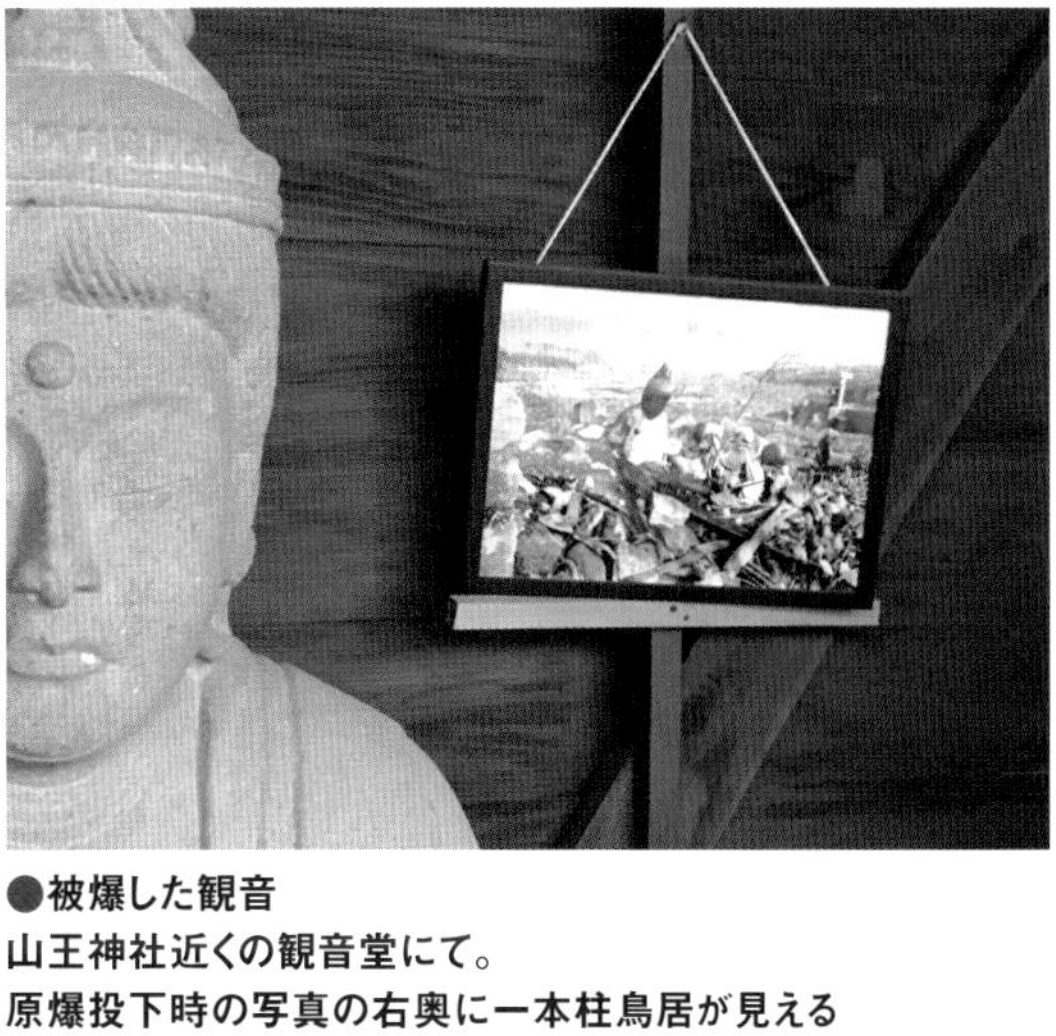

●被爆した観音
山王神社近くの観音堂にて。
原爆投下時の写真の右奥に一本柱鳥居が見える

復興と高度成長

◆坂本国際墓地

山王神社からほどなく、坂本国際墓地に到る。開国後の居留地に生き、長崎の土となった有名無名の人たちの生涯に、しばし思いを馳せてみよう。

いまはビルが立ち並んで想像もできないが、かつてはここから長崎港が見えていた。グラバー邸の主であったトーマス・グラバーと、その息子の倉場富三郎、実業家のウィルソン・ウォーカー、愛する遊女を偲びながら出島の洋館に暮らした貿易商ヴィクトール・ピナテルなど、遠い海の向こうからやってきた人たちが、静かな眠りについている。

●異人墓地（坂本町）
「ここはいわゆる『墓場』ではない。墓場に必ずつきまとう、あの不吉な、湿っぽい空虚を私はいまだかつてここで感じたことはない。それどころか、私は疲れるとここを思う。ここに来て芝生に寝ころぶ。雲が流れ、風がわたる。それにのって、名状しがたく爽かな囁きが充ちてくる。地下の泉をきくように、私は耳を傾ける。」（「異人墓地」）

「もはや戦後ではない」と言われたころ、長崎は人気の観光地となっていた。訪れる人はグラバー邸や、南山手や東山手の洋館に異国情緒を感じたが、その源は居留地に暮らした人々、つまりこの地に眠る人々の生活の名残であった。

◆浦上街道

国際墓地からも浦上街道を南へ進む。さほど広くなく、カーブの多い道だ。明治以前はこの崖づたいとも言える道が、長崎と浦上をつないでいた。眼下の埋立地に作られた軍需工場は原爆で壊滅的な被害を受けたが、戦後はふたたび工場や水産業の施設ができた。

昭和三十年～四十年代の長崎の町と港は、活気にあふれていた。戦後は鍋や釜まで作っていた三菱造船所では、大型タンカーや自衛隊艦船などの受注が相次ぎ、十二年連続で年間進水量世界一を記録する。長崎港外の高島、端島

●レスナーの胸像
ユダヤ人貿易商ジークムント・レスナーは、ユダヤ人墓地や教会（シナゴーグ）設立に尽力した（→p.65）

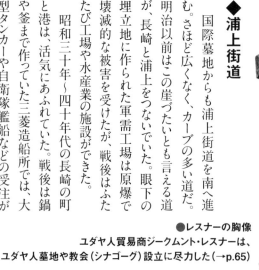

●滞船（長崎県美術館蔵）
東シナ海という大きな漁場に面した長崎は、全国有数の水揚げ量を誇る港となった

（軍艦島）といった炭鉱も操業しており、以西底引き網漁を中心とした水産業も好調だった。長崎港は造船の港、水産の港となる。

夜の街も大いに賑わっていた。その勢いで、銅座のキャバレーの専属バンド「中井昭・高橋勝とコロラティーノ」「内山田洋とクールファイブ」が、それぞれ「思案橋ブルース」「長崎は今日も雨だった」で、全国ヒットを飾った。

時折、道筋を示す案内が現れる

◆西坂公園

しかし高度経済成長と好景気は、オイルショックや造船不況、以西底引き網漁の不調、炭鉱の閉山などでみるみるうちに失速し、長崎市は「特定不況地域」にまで指定された。開港以来、日本有数の都市であり続けた町は、全国的な地方衰退の流れにも巻き込まれ、低迷する一地方都市となっていく。

所々に古い石畳が残る街道は、終点の西坂を前に、九州新幹線・新長崎トンネルの出口によって途切れている。トンネルを迂回してふたたび浦上街道へ戻ると、やがてコース1で訪れた「日本二十六聖人殉教地」の「西坂公園」へ到着する。

一九八一年、ローマ教皇ヨハネ・パウロ二世が長崎を訪問。長崎ではめずらしい大雪の中、松山町の競技場で行われたミサには、全国から四万七千人の信徒が集まった。爆心地のすぐ近くにある競技場付近は、もとは「駒場（こまば）町」といい、原爆で住民と建物が焼き尽くされ、町の名前さえ失われた場所だ。長崎と浦上は、殉教、弾圧、原爆の苦難も織り込まれた四百年の時を超えて「ローマのパパさま」を迎えた。

ミサのあと、ヨハネ・パウロ二世は、二十六聖人のもとを「一巡礼者」として訪れ、祈りを捧げた。

二つの塔が印象的な「聖フィリッポ西坂教会」の堂内には、二十六聖人のうち聖パウロ三木、聖ヤコボ喜斎、聖ヨハネ五島の遺骨が納められており、だれでも見ることができる。教科書にも載っている四百年以上前のできごとの、しかも本物の聖人の遺骨を前にすれば、たとえ信者でなくとも、歴史の一片に触れる気持ちになるのではないだろうか。

●日本二十六聖人殉教地
一九六二年には列聖百年、一九九七年には殉教四百年を迎えたカトリックの公式巡礼地

●聖フィリッポ西坂教会
建築家でガウディ研究家の今井兼次による設計

めぐりあう時空

西坂公園からは、大きな観音像が見える方向に出て、筑後町を歩く。山の麓に沿ってお寺が並んでいるのは、江戸時代、コース3で歩いた風頭山麓とともに、長崎の町を挟むように作られた「寺町」だ。

まず出てくる「本蓮寺（ほんれんじ）」の前には、かつての教会と病院の名が記されており、キリシタンの町だった長崎を実感する。大きな観音像があるのは唐寺のひとつ「福済寺（ふくさいじ）」で、戦前は国宝に指定されていたが、原爆により全焼した。

●本蓮寺
禁教前は「サン・ジョアン教会」と「サン・ラザロ病院」があった

●不動明王と観音
聖無動寺の不動明王と福済寺の長崎観音が並ぶ

●中町教会
スペイン・ザビエル城の「ほほえみの十字架」の世界唯一のレプリカが安置されている

長崎市中町1-13
6時～18時
095-823-2484

◆中町教会

観音像を背に、中町教会へと坂を下ろう。一八九七年、大村藩の蔵屋敷だった場所に完成し、石垣は当時のままに残っている。「大村」といえば日本初のキリシタン大名、長崎の町を作った大村純忠が思い浮かぶ。教会はまた「聖トマス西と十五殉教者」に捧げられている。彼らは一六三三年から一六三七年にかけての激しい弾圧の時代に、すぐ近くの西坂で殉教し、一九八七年にローマで列聖された。純白の外壁は、第二次大戦中は黒く塗られており、内部は原爆で焼失。かろうじて残った尖塔と壁を生かして再建された教会には、町の始まりから禁教、原爆……と長崎の記憶が重なりあっている。

●大村藩蔵屋敷跡の碑
大村家は禁教前にいち早く棄教。篤く仏教に帰依し、幕府に忠誠を尽くした

●聖トマス西と十五殉教者顕彰の碑
フィリピン初の聖人ロレンソ・ルイスらの像が並ぶ。信徒発見一五〇周年を記念して作られた

●原爆　福済寺廃墟
戦後、長崎に帰った翌年（一九五〇年）のスケッチ

●ボア・ブラガの丘
一九五四年の作品。中央左の尖塔は中町教会、中央右の大きな建物は前年にできたばかりの旧県庁舎

◆金屋町〜ナンカミサキ

中町教会を出たら、電車通りへ下る。通りを渡ると「瓊の浦（たまのうら）公園」だ。「瓊の浦」は「美しい入江」を意味する長崎の古い名前で、このあたりも入江のひとつだった。公園からは、金屋町（かなやまち）の坂を上ろう。入江に面して土地がふくらんでいた部分は、いまも地形に沿って入り組んだ道筋になっている。坂の上りがけにある石垣は、波に洗われる岬の台地を守り固めていた。

そう、ここから先はナンカミサキだ。長崎が始まった地に、ふたたび戻ってきた。

ナンカミサキは、開国後そして戦後も、県庁や市役所、県警、裁判所、大手企業の支店やマスコミの支局などが置かれる官庁街として、長崎の中心であり続けた。

●現在のナンカミサキ

●金屋町の石垣
向かって右側の、より自然石のまま積まれている部分が古いとされる。金屋町は、初期の町のひとつ。金属関係の町だったとも、船着場が近いので魚市があり「魚屋」が「かなや」になったともいう

●発掘された石垣
長崎奉行所西役所の石垣。下部にはキリシタン時代のものとされる部分もある

昭和後期から平成にかけての長崎では、二百九十九人の死者行方不明者を出した長崎大水害（一九八二年）や、二代続けての市長銃撃事件が大きな衝撃だった。大水害では、江戸時代以来の町として栄えてきた中島川周辺が濁流に呑まれ、眼鏡橋は半壊、六つの石橋が流失した。

銃撃事件では、本島市長がナンカミサキの中ほど、伊藤市長は西坂の丘のすぐ下で撃たれた。狭い町を歩くとき、痛みや苦しみの歴史も避けては通れないように、人の一生が楽しいことばかりではない。町の空気もまた、さまざまなできごとによって醸し出されている。

出島が遠い昔の姿を現したり、いくつもの場所や建物が「明治日本の産業革命遺産」「長崎と天草地方の潜伏キリシタン関連遺産」の構成資産となったり、町全体を会場にした「長崎さるく博'06」から続くまち歩き観光が人気なのは、この町の時空に織り込まれた様々なできごとや人の思いが、悲しみも含めて深く響いてくるからだろう。

平成の終わり、ナンカミサキからは、県庁も市役所も移転することになった。いつの時代も重要な役割を担いつづけてきた旧県庁跡地の岬の突端は、更地になって発掘調査が進められ、久しぶりに陽の光を浴びている。長崎だけではなく、日本や世界にとっても大切な歴史が発見されるかもしれない。

四百五十年の時の旅は、ここでひとまずゴールだ。

ポルトガル船の入港に始まり、キリシタン時代と鎖国時代の貿易港、開国後は近代産業都市として栄えた長崎には、禁教や弾圧、殉教、潜伏からの信徒発見、戦争、原爆といった、人類史上に残る事件やできごとが刻まれてきた。その町と港の記憶を一歩一歩たどりながら歩いた先には、きっとあらたな風景が広がっていることだろう。

●長崎港遠望

手帖とともに【コラム⑤】

昭和三十一年から四十二年にかけて『長崎手帖』なる小冊子が発行されていた。

「長崎のさまざまな味と色と匂を、こぼれるようにもりたいと思っています。」そんな「創刊の言葉」どおり、当時の街角の風景や、明治生まれの人々の昔話などが細やかに記されている。発行人である田栗奎作の誘いで、郷土史家の永島正一や渡辺庫輔、写真家の真木満らとともに、田川も参加。全四十号のうち、十一号からは目次ページ、十七号からは表紙に田川の版画があしらわれ、まさに『手帖』の顔となっていた。作品の紹介文だけでなく、随筆も寄せている。

> つい先達ても、ある会合で（渡辺）庫輔さんと隣席した。場所は岡政の九階総ガラスの喫茶室で、市中の展望はこよなく素晴らしかった。そこに上るのは初めてであった私は、一人つぶやくともなくつぶやいた「長崎はやっぱりよかですなあ」すると傍の庫輔さんもすぐ引取って「ほんに長崎はよかですのー」家に帰って、このことを思い返してはおかしくなった。五十面を下げた二人の長崎人が、而も永年、長崎に住み明している身であるのに、今更長崎はよかですなあもないでしょう。（「善意の人たち」『長崎手帖』八号）

これに続く文の中で、田川は先祖代々の墓をいそいそ手入れする自分を「長崎の土に自然発生した茸にでもなったよう」と表している。新聞などへの寄稿では、長崎の現状に厳しい言葉を連ねることもあったが、この小さな冊子には、気負いのない素顔を見せたのかもしれない。

昭和四十二年三月発行の四十号の「版画の言葉」は、田川が「御養生中」として発行人の田栗が代筆している。しかし本の印刷直前に訃報が届いたようで、全快を祈る記事とおなじページに、急遽といった感じで「哀悼」の黒枠が入れ込まれている。享年六十。「三月十六日版画家田川憲氏のご逝去にあたり、言葉なく、ただただ御冥福を祈りあげます。長崎手帖社」

発行人はその後も『長崎手帖』を続けるつもりだったようだが、結局は田川の死とともに幕を閉じた。しかし、田川の版画に彩られた小冊子は、高度成長期の中で失われた「長崎のさまざまな味と色と匂」を、いまに伝えてくれる。

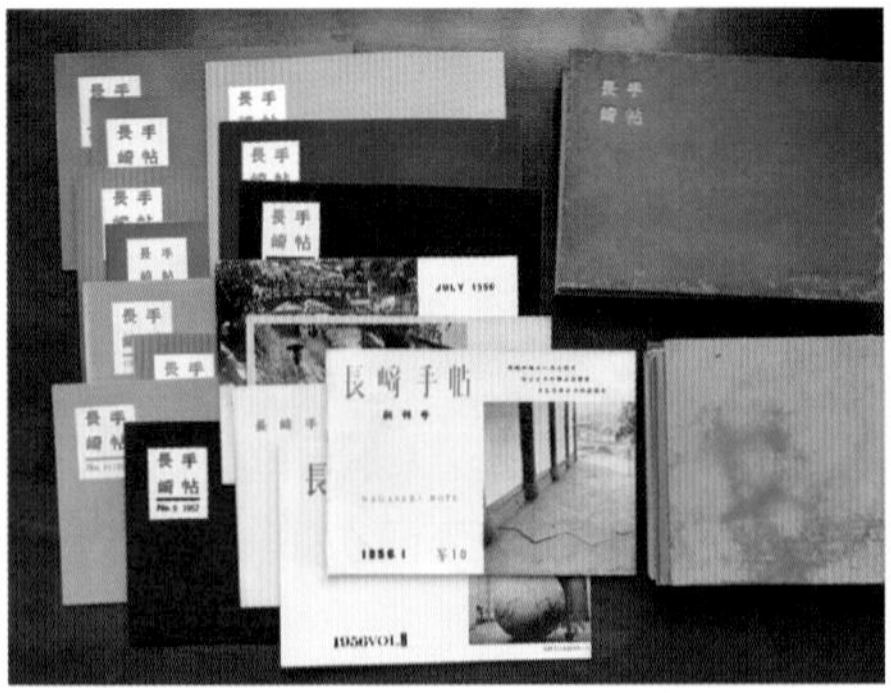

『長崎手帖』全四十号。
読者の要望で、愛蔵用バインダーも作られた
（古田沙織氏所蔵）

田川憲が愛した散歩道

《足跡をたどる》

ピナテル／斎藤茂吉／ピエール・ロティ

●

《人間の丘と谷》

●

《居留地探訪》

東山手／大浦／南山手

●

《さまざまな眺め》

丘の上／港の船／新旧の橋

●

《異人墓地めぐり》

坂本国際墓地／大浦国際墓地／稲佐悟真寺国際墓地

●

《祭の日に》

くんち／精霊流し／長崎まつり暦

「長崎の散歩道」 田川憲

散歩をするということは一つの創作であると、私はかねてから思っている。そこに歴史的な、そして造形的な素材があり、案内する人はプロンプターの役目をし、散歩者自身が作家となる。両者の高い教養と、敏感な情熱が要求されるゆえんである。ある時、私は東京からの客を案内して、ピエール・ロティの風頭(かざがしら)ルートというのを通ってみた。このルートは私が考えたもので、客はさる小説家であったが、これが大成功であった。まず若宮稲荷(わかみやいなり)をふり出しに風頭山麓の墓地の間を南に横断し、皓台寺(こうたいじ)、大音寺(だいおんじ)、清水寺(きよみずでら)へと行く長い小径である。そこはロティが愛し、ロティの思い出につながるものばかりがある。またあながちロティを介在させずとも、楠の大樹に埋もれた墓碑、静かな父神の地の散策はこよなく楽しい。

それにしても昔の長崎はよかった。それこそ市中に敷きつめられた石畳の上をはだしで歩きたいほどであった。溝にも同じ砂石が敷かれ、町内の人は時々これを棒タワシで洗った。家もおくんち前には、かならず龍吐水の水で洗われ、柿渋が塗られた。おくんちというと、私はまずこの柿渋の香りが頭に浮かぶ。こういうよき時代には、街中がすべて快適な散歩道であったといえる。だが今は……、まったく落ちぶれはてたものである。それでも、長崎に画材を求めてくる画家たちはあとを絶たない。

この界隈の石畳道が散歩道として美しいのはいうまでもない。観光客は天主堂やグラバー邸(ここは今はもう昔の面影はない)を見てすぐ帰ってしまうが、いいのはむしろグラバー邸以南の一帯である。天主堂の裏手から入ってグラバー邸、リンガー邸、レスナー邸、マリア園、その先の二十二番の急な坂道—眼下の港、広い庭をもつ長崎洋館、老木の群、それは行くたびに荒れてゆくが、この付近は日本で他に例をみない独特な風景と構造の美をあわせ持っていると私は信じている。

長崎はこれを西洋流にいえば、十六世紀以来栄えた街であるから、ここに近代的なスピード感を求めるのは無理である。長崎に来て観光バスやハイヤーの駆け足で名所まわりをすることは、長崎を理解する策の最上なものとはいいがたい。長崎は歩く街である。歩くことによってのみ、長崎の美はよみがえる。道を好むならば、小路を折れまがり、あるいは近路を、または居留地の人の家の庭を通らねばならない。また人が恋しくて、うようよしている道を望むならば、小島《こしま》—丸山《まるやま》—館内《かんない》—十善寺《じゅうぜんじ》—稲田町《いなだまち》の「人間の丘」のルートを、ということになる。港を横にみる居留地の道、これを縦に眺める立山の丘、サンパンによる海のルート、中島川沿いの古い橋のルート、大浦、浦上の異人墓地のルート、または斎藤茂吉の歌をしのぶルートなど。散歩者がどんな道を撰ぶかは、一種の技術だともいえよう。歩くことは創作することである。歩くことによって散歩者は画家になり、詩人になる。宝石箱の中から自分の好む宝石を探し出すように、長崎の宝石を見いだされるにちがいない。

●薔薇の聖母院(マリア園)

宝石を探して

「歩くことによってのみ、長崎の美はよみがえる。」そう言い切る田川の作品には、まさに彼自身が歩いてよみがえらせた美が描かれている。古い石畳を上りきる前に見える風景、墓地の丘から眺めた港に浮かぶ船、あるいはすでに失われた建物や人々の姿がよぎる瞬間……おなじ道を歩いても、その時々の思いや見方によって、また別の輝きが現れるのだ。田川がつくり、愛した散歩道を、彼の言葉とともに歩いてみよう。そして「歩くことは創作すること」。読者のみなさんも自分だけの散歩道をつくってみてはいかがだろうか。

この港の明かるさは
唐風にも蘭風にも
完全に調和するから
おもしろい。
（「唐寺の鬼塀」）

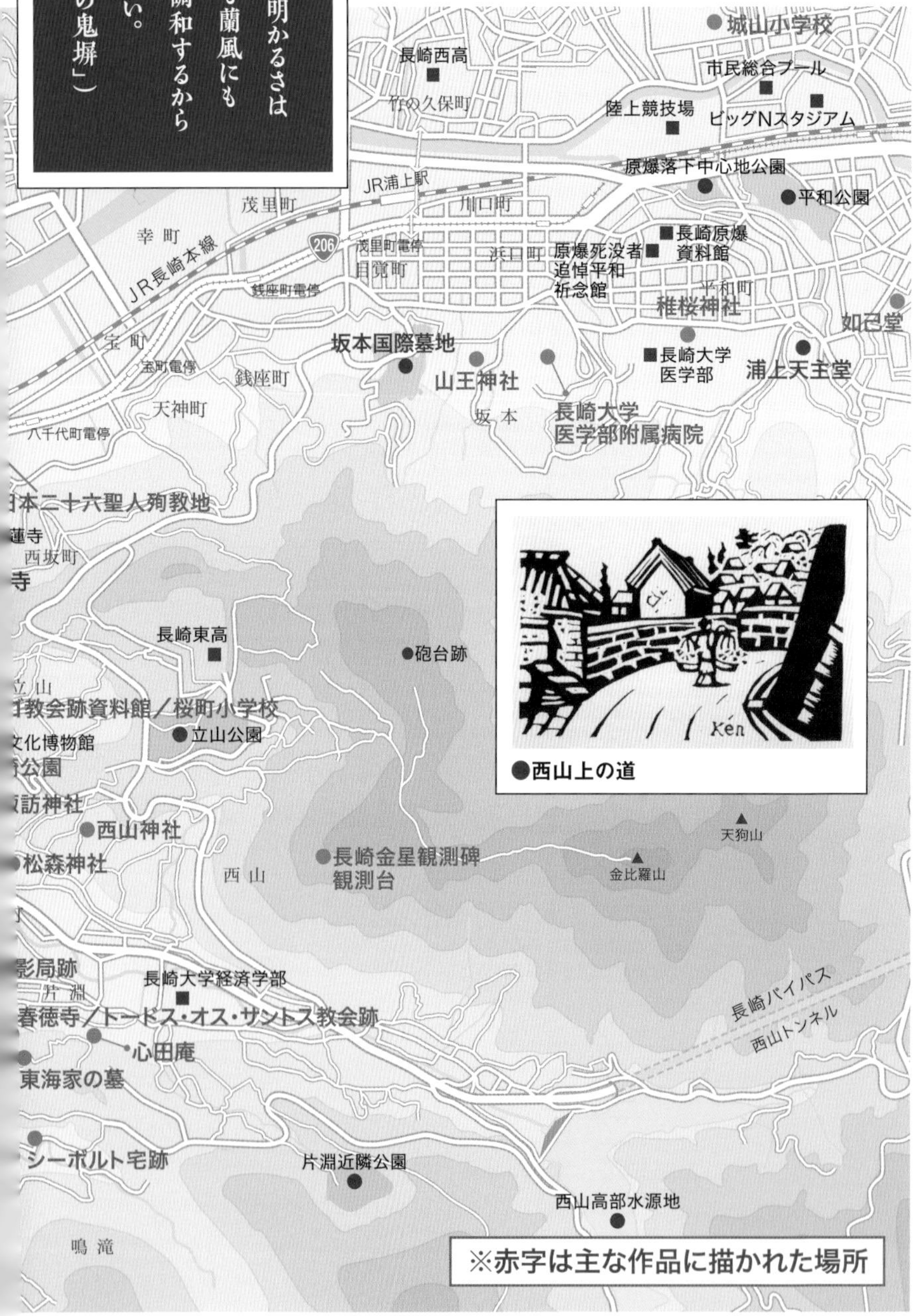

●瓦鬼（長崎県美術館蔵）
一献かたむけながら港を見つめる
一ツ目一本角の瓦の鬼は、田川の創作
（『長崎　東山手十二番館』では「鬼瓦」）

●居留地の木

●古川町

●東小島坂段

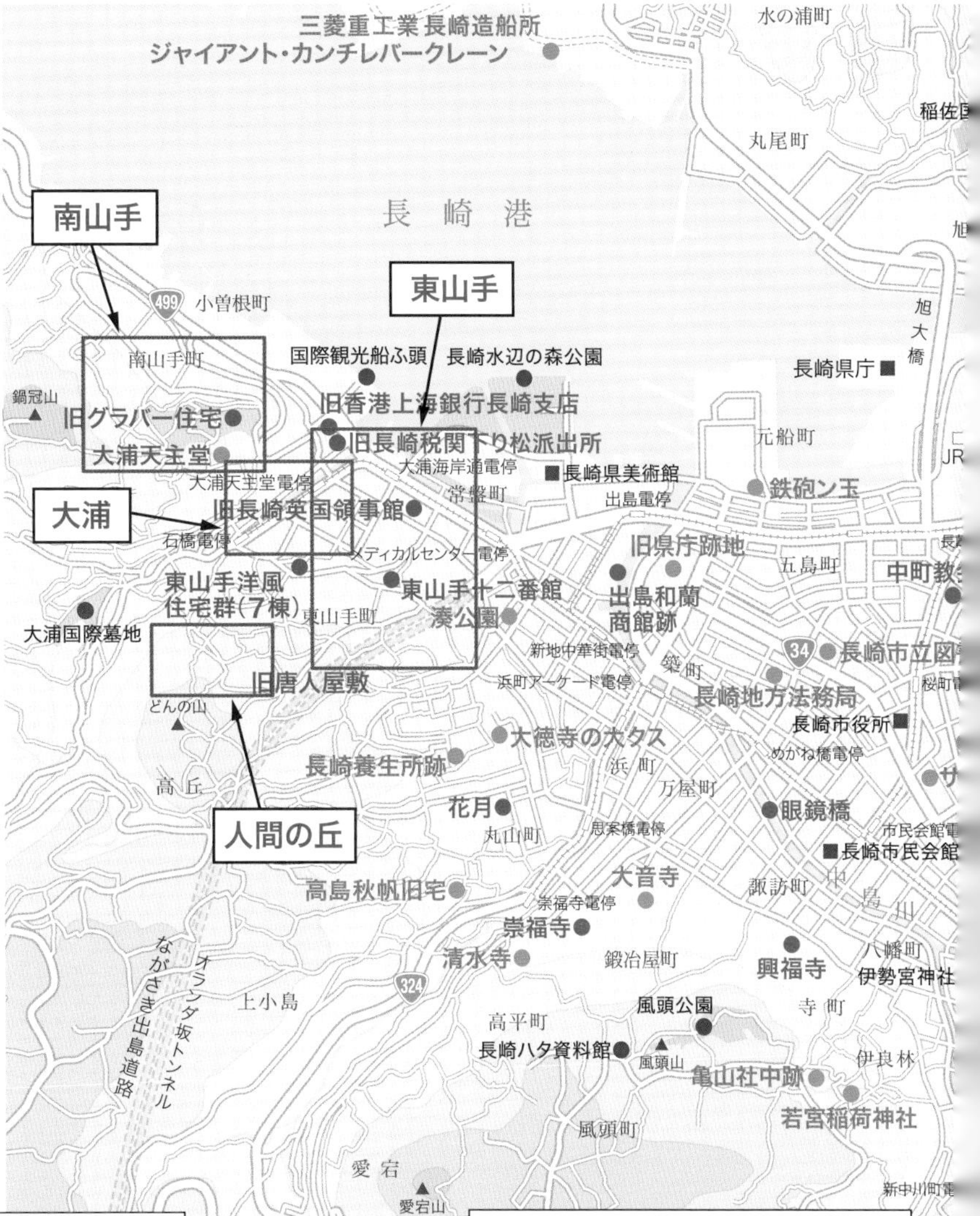

三菱重工業長崎造船所
ジャイアント・カンチレバークレーン
水の浦町
稲佐
丸尾町
長崎港
旭
旭大橋
南山手
東山手
499
小曽根町
南山手町
国際観光船ふ頭
長崎水辺の森公園
長崎県庁
鍋冠山
旧グラバー住宅
旧香港上海銀行長崎支店
元船町
大浦天主堂
旧長崎税関下り松派出所
大浦海岸通電停
■長崎県美術館
鉄砲ン玉
JR
大浦天主堂電停
常盤町
出島電停
大浦
旧長崎英国領事館
石橋電停
メディカルセンター電停
旧県庁跡地
五島町
中町教
東山手洋風
住宅群（7棟）
東山手町
東山手十二番館
出島和蘭
商館跡
大浦国際墓地
湊公園
新地中華街電停
築町
34
長崎市立図
旧唐人屋敷
浜町アーケード電停
長崎地方法務局
桜町
どんの山
長崎市役所
大徳寺の大クス
めがね橋電停
長崎養生所跡
浜町
高丘
万屋町
花月
眼鏡橋
人間の丘
丸山町
思案橋電停
市民会館
長崎市民会館
大音寺
高島秋帆旧宅
崇福寺電停
諏訪町
中島川
崇福寺
ながさき出島道路
オランダ坂トンネル
清水寺
鍛冶屋町
八幡町
興福寺
伊勢宮神社
324
上小島
高平町
風頭公園
寺町
長崎ハタ資料館
風頭山
伊良林
亀山社中跡
若宮稲荷神社
風頭町
愛宕
愛宕山
新中川町
八つ尾町

●光永寺前

●中島川

●フランス中世紀教会の扉金具

足跡をたどる［ピナテル／斎藤茂吉／ピエール・ロティ］

長崎に暮らし、訪れた文化人は数多い。それぞれにゆかりの場所やエピソードがあり、足跡をたどりながら歩くのも楽しい。出島に住んでいたフランス人雑貨商のピナテル、長崎医学専門学校の教授として赴任した歌人の斎藤茂吉、フランス海軍士官で作家のピエール・ロティ……田川は彼らに心ひかれ、その喜びや哀しみも作品に込めた。（《　》は田川による）

●唐寺の雨

《あはれ　あはれ　ここは肥前の長崎か　唐寺の甍にふる寒き雨

斎藤先生のこの歌は、下筑後町の黄檗の寺聖福寺で作られたときいている。第二歌集（あらたま収載）大正六年十二月、長崎着任そうそう作られたものであろう。

いわば西の端長崎に、ある決意をもって、はるばる当時三十四時間の長い汽車の旅をして着いた、その感懐が「寒き」という言葉に端的に表現されている。それはむしろ一種の悲愴美をさえともなう。「肥前の」「唐寺の」「甍」などという語は、いわば死語とはいわないが、詩の上の言葉であって、長崎にのみ通用する言葉である。それらの芸術的な雰囲気を持つ言葉が中央から遠く離れたという距離感と、時間の観念を「あはれ　あはれ」という古代的な表現でやわらかく包み、長崎の特異な風物にたくして自己をいたく打ちだしている》　（「聖福寺にて」）

●現在の出島

●ピナテルと出島

《彼の一生は一一純愛物語一一にいろどられる。美青年であった彼は、丸山の遊女に恋したが、死んだその愛妓の面影を追い続けて五十年、孤独な生涯を閉じた。眉目秀麗の彼も、愛妓の死後まったく風采をかまわぬようになり、異様をきわめて追憶の生活に生き、人からは「西洋バンゾ（乞食）」とののしられたほどだった。歌人斎藤茂吉が、大正九年、病に伏すピナテル翁を訪ずれ、次の歌を残している。

寝所には括枕のかたはらに
朱の筥枕置きつつあはれ》（「ピナテル」）

●出島五番館
ピナテルが住んでいた洋館

●ピエール・ロティ

《シーボルトが出島を追放されてから百数十年にもなるが、そのシーボルトの半分ほども、長崎におけるロティのことは知られていないのである。

近ごろ長崎はお蝶夫人一辺倒の熱の入れ方であるが、私はなぜロティをもっと徹底的に研究しないのかと不思議でならない。》（「未知への人」）

●十善寺

ロティは、この坂の家で長崎の女性と暮らした日々をもとに、小説『お菊さん』を著した

●ロティ坂

いわゆる「オランダ坂」で、十善寺のロティ宅に通じている。活水学院の生徒たちが「ロティ坂」と呼んでいると聞き、田川は「我が意を得たり」と思ったようだ

人間の丘と谷

詩人になりたい思いもあったという田川の文章は、版画とはまた違った長崎を描き出している。時としてある風景に「名付ける」ことさえあり、中でも一度聞いたら忘れられないのが「人間の丘」だ。『私はかつて旧測候所下（※）の大集落を「人間の丘」と名づけたが、このことについてはいまだに後悔していない。』あちらの丘、こちらの谷……今日も長崎は生きている。

●生きている谷間

●長崎の谷

《場所は田上へ行く大曲の法華供養塔。見はるかすパノラマは異様な美しさをたたえている。
左方丸山の丘の流れ、右手に鐘状のかわいい火山、風頭台地、このなだらかな谷間を出ると、
立山に挟まれた平地、沈水海岸、遠景に岩屋山。
これらは奔放な地質時代の風貌を呈しており、その上に堆積するものは歴史、さらに地表に寄生して生きかわり、
死にかわりひしめく人間の群、群。》（「うきえ·あたごのたに」）

●**東山手の丘（長崎県美術館蔵）**

《ドン山（※）を頂点として、海星、活水に流れる丘陵の前後左右の斜面に、このすさまじい景観がある。

家、家、家……、"家を建てて天に至る"という表現も妥当である。これに匹敵する迫力は軍艦島にしかない。

家にあふれる人間、人間、そこに生まれ、死に、愛し、生活する人間のむんむんするいぶき。

私は、わが愛する長崎的風土の中の人間群像から、大きく生きてゆく力をもらう。》（「生きている谷間」）

●**人間の丘**

※「旧測候所下」は日の出町周辺で、その頂には「長崎海洋気象台」と昼を知らせる「午砲所」があり、現在は「どんの山公園」となっている。

●**ドン山**

居留地探訪［東山手］

幕末の開港後、長崎の町の南側の山手に造成された外国人居留地は、その位置から東山手、南山手と呼ばれた。各国の領事館や、海星や活水といった学校、一般の住宅も含め、昭和三十年代まではかなりの数の洋館が残されていた。その後、高度経済成長の波や老朽化により激減したが、現在もいくらかの建物は保存され、町のたたずまいをしのぶことはできる。

●居留地の花

《ネム（合歓）の花の紅さは不思議な紅です。白い絹糸の先だけを異邦の珍らしい染料につけて、いま天日に乾しているように鮮やかです。

その染料はある高貴な鉱石か、西域の昆虫のからだから抽出したばかりのような純粋さです。

一昨年の初夏、私はこの花を求めて、長崎の市内から近郷近在を足に任せて歩きまわりました。「捜神記」ではなくて、私の場合、まさに十日間の「捜花記」でありまして、この花の戸籍簿ができるほどになりました。私の記憶では、昔の居留地にはこの木が多かったのですが、今はほとんどなくなってしまいました。》（「居留地のネムの花」）

●東山手甲十三番館
明治中期にフランス領事館として建てられた。
国登録有形文化財

●東山手石畳

●甃の門
活水学院の門。遠くに大浦天主堂が見える

●異人館の煙突(昭和三十三年)

●東山手十六番

●異人館の煙突(昭和四十一年)

《これは東山手十六〜十八番、(通称、片岡貸家)の一かくである。実際にはまだこの奥があって、一度に十二本の煙突が見られるという特異な風景を形づくっていた。……しかし、永年の風雪に耐えきれず、屋根が危なくなったので、数年前その大部分がとり払われてしまった。……この風景は前に一度描いたが、いま描いておかないともう永久に人目にふれることもないだろうと思ったので、視角を変えて、も一度とり上げることにした。》(「煙突の洋館」)

居留地探訪［東山手十二番館］

「オランダ坂」を上った十二番館は、東山手でもっとも古く、ロシアやアメリカの領事館、宣教師の住まいとして使われた。田川はこれをいくつものアングルで描いている。建物だけでなく、隣接する活水学園の門、遠くに見える港や山並みも含め、何度描いても魅力の尽きない存在だったのだろう。現在は資料館として見学できる。しばし版画の風景を探してみるのもいい。

●東山手十二番館

●活水にて（スケッチ）
カラーとモノクロの作品では、竜舌蘭の位置が変わっている。スケッチによれば、もとはカラー作品の位置だったのだろう

●東山手十二番館

《この庭には、十年ほど前、もっと巨大な竜舌蘭があったのを私は覚えている。聞くと、それは花が咲いて枯れたのだそうである。詩的な表現をかりれば、その花は六十年目に一度、ぽっかりと奇蹟的な開花をするという。そうすると、親木もろとも枯れてしまうのだともいう。

ここからロティの愛の隠れ家、十善寺は、すぐ上である。向こうの大浦天主堂の上の丘には、いわゆるマダムバタフライの庭が見える。そして、それらすべての背景をなす青い港。

東山手十二番館は、亡びゆく明治洋館の中にあって、孤塁を守っている。長崎の版画的魅魔は影のごとくこのあたりを彷徨しているのかもしれない。》（「東山手十二番館」）

●旧居留地私学歴史資料館
明治元年築の建物は、国指定重要文化財

●活水と十二番

●東山手十二番館

●nagasaki洋館（東山手12番）

居留地探訪［大浦］

江戸時代には磯遊びの浜辺だった「大きな浦」は、埋め立てられて居留地となり、ホテルや商店、酒場が並んだ。有名無名の人生劇場と、信徒発見の奇跡の記憶が隣り合う、人間そのもののような町。いま、大浦川沿いの洋館で残るものはほとんどない。それらはいくつものドラマを秘めたまま、静かに消えていった。

●カルノーうら
居留地住民の食料品や日用品を扱っていたカルノー商会やウルソー商会の裏通りは、田川が何度も描いた風景のひとつだ。すぐそばに迫る洋館と、遠くに見える東山手の丘が対となり、長崎らしさの結晶を見せていた

●かるのお裏
（長崎県美術館蔵）
戦前の作品。西洋の女性とおぼしき人物が歩いている

●大浦川端通り（「華の長崎」長崎文献社）
ほぼ同アングルの明治期の絵葉書。
左端の建物はドイツ領事館だった

●うらぶれた居留地

《この画は十二年前(一九五三年)のスケッチである。十年一昔というが、十年を境として都市の景観はこうも一変するものかと驚いてしまう。長崎の場合は特にそれがひどいように思われる。場所は大浦川の電車道。中央のやつれた木造洋館は、そのかみの栄華を誇ったカイダ・ホテル、左手の三階建は沢山商会で、橋は弁天橋である。……今後この風景も、私の版画の中だけに生きてゆくのであろうか。》（「うらぶれた居留地」）

《私は居留地のうらぶれた風景の中で、人間について考える。人もまた滅びゆくものであると。滅びゆくからこそ、私は人間がむしょうにいとおしいのだ。やがてはこの異人館もわれらの視界から消えていくだろう。しかしその時ですら、この旧い明治洋館は長崎に何ものかを残すはずである。あたかも人間がそうであるように。》（「ねむの花の異人館」）

●猶太両替店
日本でもっとも古いレンガ造りの税関庁舎。「旧長崎税関下り松派出所」として国指定の重要文化財となっているが、明治三十九年生まれの田川は「猶太両替店」と題している。その記録は現在見つかっていないものの、海岸通りに面していることもあり、ユダヤ人経営の外貨両替店だった可能性はあるだろう。仮に両替店自体は短期間の存在だったとしても、強い印象とともに建物の呼び名として残っていたのかもしれない

●現在は「長崎市べっ甲工芸館」として公開。屋根の明かり取りの窓は、田川が描いた当時はなかった

●居留地の廃屋
《大正の末期から昭和の初期にかけて、大浦川の河口附近、ことに左岸の松ヶ枝町界隈は、長崎の、もっとも国際港らしい性格とにおいを濃厚に発散させた街であった。外国の名をつけたホテルや、バア、カフェなどが軒なみにならび、昼となく、夜となく耳なれぬ言葉の歌声や奇妙なピジオンの嬌声がかん高くひびいていた。……

あれからすでに三十年、すべては移り変わり、すべては消え失せていった。この作品の画面の左側のレンガ建てはそうした家の一軒であった。今、家の奥の方は倉庫になり、表では看板屋さんが仕事をしている。》(「居留地の廃屋」)

●旧リンガー商会倉庫
大浦川近くに建てられ、輸出品である茶の倉庫などに使われたが、近年解体された。
通りには船員向けのホテルや酒場が立ち並んでおり、このすぐ近くにあった「オークションの店」(→p.22)も、昭和の初めごろまでは酒場だったという

居留地探訪［南山手］

「観光客は天主堂やグラバー邸（ここは今はもう昔の面影はない）を見てすぐ帰ってしまうが、いいのはむしろグラバー邸以南の一帯である。」すでに多くの建物が失われているが、南山手の入り組んだ道や、石畳の急な坂を歩いていると、往時の雰囲気が感じられるだろう。この土地には、海を渡ってきた人々の故郷への思いと、日々を暮らした長崎への愛しさが染み込んでいる。

●夾竹桃館

《こうもひっそり生きられるものか一人も、家も一南山手旧居留地の片隅に、だれにも知られず、古い長崎洋館が息づいている。……夾竹桃館一私はそう名付けているが、その主人（あるじ）、マダム・Sも今は老いた。彼女は目の下の港を、毎日毎時、眺め明かしている。彼女の生活から海をとり去ることはできないのだ。》（「夾竹桃館」）

●夾竹桃館（スケッチ）　おなじ場所の異なる瞬間を合成し、一枚の作品に仕上げている

●南山手

●南山手二十二番館

「夾竹桃館」は南山手の二十二番館。亡命白系ロシア人の女性・シェルビニナさんが、ロシア艦隊の御用商人だった父の家に暮らしていた。定期船船長の夫に先立たれたあとは、港に入る船の汽笛にその面影を重ね、朝夕の楽しみにしていたという。ここにはロシア系の人々が集っただけでなく、長崎の人も親しく出入りしており、田川もその一人だった。シェルビニナさんは昭和四十一年に亡くなり、数年後には建物も解体されたが、「どんどん坂」の風情だけは、かろうじて残されている

《グラバーさんを始め、ウォーカーさん、レスナーさん、ウルソーさん、ナパルコフさん……、皆それぞれにエピソードがあり、思い出を残している。彼らは西洋人ではあるが、同時に長崎人でもあったのである。》（「最後の人」）

《南山手三十三番、五百坪の広さをもつアンデルセンの庭はいま、雑草の荒地である。その真ん中にぽつんと一つ、大きな大王棕梠が巨人のように立ちつくしている。井戸の側にはどうしたことか、夏のジンジャーの花が白く香っている。その根もとに一匹の黒猫がふさふさした冬の毛を纏って日向ぼっこをしている。……

ジンジャーの下の黒猫の胸に一ヵ所、白い毛がまじっている。それはカラーのようだ。亡くなったイタリア人のボルピチェリ氏は、晩餐の時、きまって真新しいカラーに正装して食卓に招かれたが、遠く故国を離れた長崎での正装の食事、これはいったいどうしたというのであろうか。長崎また西洋人すべてに共通する故国へのはかない思慕であったかも知れないと私は暗然となる。戦後、長崎に帰ってから、彼の墓をずいぶん捜したが、どうしてもわからない。たぶん、奥さんの故郷、天草あたりにでも埋まっているのかも知れない。》（「秋風に寄せて」）

●南山手二十三番

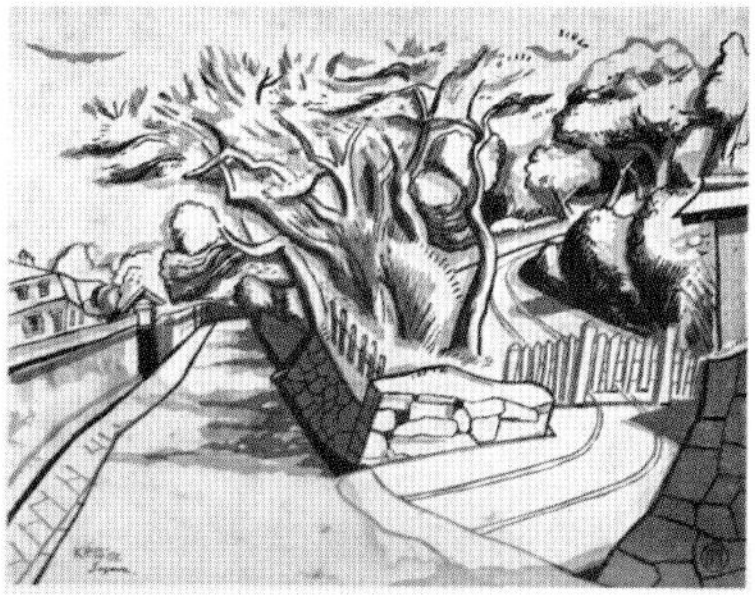

●外人クラブ下

●南山手六番

●旧レスナー邸（個人所有）
ユダヤ人貿易商レスナー（→p.80）の邸宅

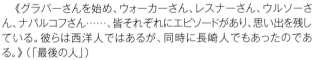

さまざまな眺め

三方を山に囲まれた長崎は、港町であるとともに、丘の町でもある。見上げて良し、登って眺めても良し、個性的な形の小さな山々が、風景にリズムと面白さを加えている。丘の上からはまた、パノラマの眺めだけでなく、港の船や新旧の橋にも目が止まる。ひとつの町の中にある無数の要素から、気になるものをコレクションするように歩くのも、魅力的な散歩道だ。

●長崎の港
南山手のもっと上の方からの眺めと思われる（鍋冠山展望台付近?）。左奥にぴょこんと出ているのは金比羅山で、中央は三ツ山。旧県庁舎や出島の岸壁の勢いに、当時の町の息吹が感じられる

●長崎港驟雨
「長崎の港」の反対側からの眺め。「驟雨（しゅうう）」とは、にわか雨のことで、画面の左奥を雨雲が通っている（「長崎の港」はちょうどこのあたりでスケッチしたのでは?）。丘の町には、こんな瞬間を目撃する楽しみもある

●美しい港

●天主堂と港（長崎県美術館蔵）
田川の作品の背景には、よく港の船が描かれている。そう思って見れば、意外な所にまで船の姿があって驚く。しかも適当な造形ではなく、ある日ある時、長崎港に入った船の特徴を捉えているものが多いのだという

●立山からの眺望

●眼鏡橋

《私は思うのである一西暦一六〇〇年代に中国より渡来した黄檗の一禅僧が、この国においてはまったく未知の架橋法をもって石橋を築いた。当時の長崎の人たちの驚きはいかばかりであったか。石を積み上げることによって橋を造るなど、神の技にもひとしいものであったにちがいない。彼ら長崎人は、その驚嘆と、賛美の念を「眼鏡橋」という橋名によって端的に表わした。では彼らにとっての「めがね」とはいったい何であったか。

「めがね」とは「出島」を通じてのみ舶来されたもっとも進歩的なスピノザのレンズであった。それは一個の科学的宝石であり、西欧文明の結晶でもあった。見えぬ眼が薄い、透明なギヤマンによって見えるなど、何と摩訶不思議な幻術であったろう。

この語感は不感性に堕している現代の私たちには、完全に了解されてないのではないか。それは、現代の機械大量生産時代における、安価な工業商品の観念では律せられないのであろう。したがって、これはまた、非常にハイカラな言葉であったに違いない。この命名者は確かに詩人であった。》(「眼鏡橋」)

※「眼鏡橋」が正式名称になったのは明治初期だが、多くの人々がその造形と水面の姿に「ギヤマンめがね」を想像したのではないだろうか。いずれにせよ長崎には、最先端の技術と驚きがあふれていた

●鉄橋のある風景

《この風景で眺められる朝永病院(※左)は明治初期の木造洋館、十八銀行本店(※右)についていえば明治二十一年ルネサンス風の美しい建物、県庁県庁(※中央)は昭和期の建造物である。……風景は偶然にのみできると思ったら大間違いである。風景には造られるという要素もある。都市の場合は、ことにその比率が大きく、造られると同時に、こわされもする。……新波止が埋めたてられ、あたら出師橋が鉄屑になったので、明治調の吊橋は明治四十一年に架橋されたこの出島橋だけになった。》(「出島橋」)　**一九五七年の作品。その後、十八銀行本店は建て替えられ、県庁舎も近年解体された**

異人墓地めぐり

旧居留地の洋館にもはや住民の姿はないが、稲佐悟真寺国際墓地、坂本国際墓地、大浦国際墓地を訪ねれば、そこには「永遠の居留地」が広がっている。田川はしばしここに憩い、かつて親交を深めた人々と、声なき語らいの時間を過ごした。生まれ育った土地を遠く離れて眠る彼らのそばにいると、たしかにいつもとは違う時間の流れに包まれるようで、心安らぐ。もしかすると、長崎の中で、もっとも長崎らしい場所なのかもしれない。

●坂本国際墓地
《ここからは南の方に、長崎の港がきらきらと光ってみえる。あの海からの青白い潮風は、生前の彼らを包んでいた空気でもあった。……人生を一つの旅とし、そこに生ずる愁いを甘受した孤高な人たちの、ここは初めての憩いの場であった。》(「異人墓地(浦上)」)

●異人墓地(坂本町)　(p.80の墨刷版)
《長崎に来た外人たちで、出島蘭館時代を第一期とすれば、開国後、明治、大正までの居留地時代はその第二期といえる。ここには、後者に当たる人たちがいる。彼らは現在の長崎のとっておきの観光資源——あまりいい言葉ではないが——南山手や東山手などをつくった人たちではあるが、その時代が、われわれにも近接しすぎているだけに、彼らと長崎文化との深いつながりが、ややもすると見落とされがちであることを私は指摘したい。

私は墓碑銘の一つ一つを読みながら歩く。さまざまな国の、さまざまな形の文字で、出身地が彫りつけられている。私が聞いたこともない地名や、私の読めないユダヤ語、イスラム語など……。

近東風な柱頭飾をもつ猶太墓の門、六角形のシオニズムの星、開いた両手を、親指と人差指で触れ合わせた象徴は、いったい何の咒(じゅ)であろうか。あけられた聖書、枕に静かにかまえられた十字架、落ちつくした砂時計、ぶどうの房、コムパス、地球儀、陶製の花環……。》(「異人墓地」)

●おろしや墓地（稲佐）

《私が異人墓地にきて、何がなしに魂のやすらぎを覚えるのは、彼らが今なお生きていることを、この耳でたしかめうるからであろう。長い異国の流浪のはて、ある日、彼らの灯は燃えつき、住みなれた木造洋館からここに居を移す。いかめしい戒名もなく、彼らは依然として日本妻のおばさんを連れた長崎西洋人である。彼は話し残した古い居留地のことや、庭のことをしゃべりたくてしかたがない。おばあさんたちはそれを聞くために、折にふれ新しい花をもってやってくる。》
（「さまよえる墓」）

●稲佐悟真寺国際墓地
様々な国の人が、長崎の土に、静かに眠っている

●大浦墓地

《このあたりには私の知っていた幾たりかの異人さんたちが眠っている。今はもう騒ぐ血潮から完全に解放された彼らが、低い声で私に話しかけてくる。長い流浪の果てに、長崎でその生を終えた異国の人たち、私とは違ったやり方で長崎を愛した人たち、彼らは、死によって姿を消しても、彼らがかつて長崎で愛し、生活をしたというしるしは消されない。人は亡びる——私もまた。この過滅性のゆえに私は人間を愛する。すべては車輪のように静かに廻り、移ってゆく。どこかで歴史の石臼が重くにぶい音をたてている。》
（「秋風に寄せて」）

●錨が刻まれた墓石
船関係のシンボルが見えるお墓も多い

●悟真寺山門

●華僑の墓
稲佐の悟真寺には、江戸時代から唐人たちが墓を構えていた。
いまも多くの華僑の家の墓がある

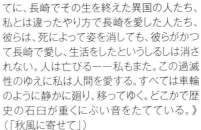

祭の日に

春のハタ揚げに始まり、ペーロン、お盆、精霊（しょうろう）流し、くんち、新しいところでは帆船まつりやランタンフェスティバルなど、長崎の町には四季折々の祭がある。ただ賑やかで華やかなだけでなく、それぞれに人々の思いや歴史、外国とのつながりが息づいており、その日の町を歩けば、より深く濃く、長崎を感じられるだろう。

●おくんち
十月七日から九日に行われる、諏訪神社の秋の大祭。各踊町渾身の奉納踊りが繰り広げられる。
万屋町の鯨の潮吹きと傘鉾、龍踊り、神輿のお供の汐汲さん、傘鉾（丸山町?）が、諏訪神社と彦山を背景に描かれている

●お下り、お上り
諏訪、住吉、森崎の神輿が十月七日に諏訪神社から大波止のお旅所へ渡り、九日に還る。その際には年番町がお供を務める。本来は奉納踊りも行列の一部だった

●庭見せ
十月三日の夜、踊町では庭をととのえて、傘鉾や衣装、お祝い（御花）などを飾る。二〇一九年、江戸町にて

●庭先まわり
奉納踊りは諏訪神社などの「本場所」のほか、町の家々を回る。二〇一九年、魚の町の川船

●長崎刺繍
船の船頭役などの衣装には、金糸やビードロを使った豪華な長崎刺繍があしらわれる

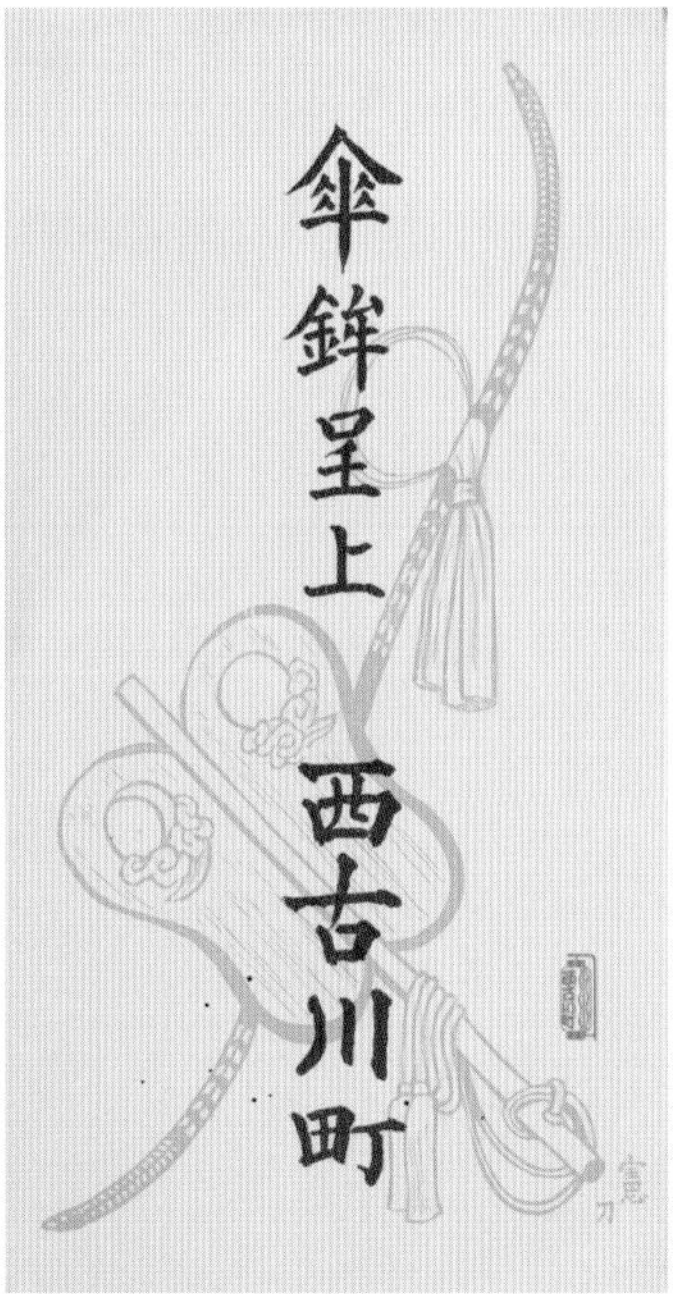

●呈上札
庭先まわりの際には「呈上札」が渡される。田川はいくつもの町の呈上札を手がけた

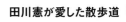

●阿蘭陀万才(堀田武弘氏蔵『版画長崎』第三輯より)
望郷の思いに駆られる
異人さんの万才は、
ユーモラスかつ哀愁ただよう

●龍船
西浜町の
龍船(じゃぶね)の屋形は、
舞台となって踊りや
演奏が披露される
(西浜町呈上札)

《九月も去って十月に入ると——これは私だけに限らず、恐らく大部分の長崎人がそうであろうが——長崎のくんちをまず「肌で」感じるのである。これは何か一種の動物的本能に似ている。二十度前後の快い気温、空の深い青、ぷんと甘酸っぱい甘酒の香り、大きなクリやカキ、人形イモ、または赤い支那花毬の上のろうそく、傘鉾の間のびした鈴、商宮律の哀愁ある余韻、そういう卑近な経験と感情の中に、長崎くんち三百年の伝統をうけついできたものがひそんでいるのを悟る。……

長崎くんちなど騒々しいばかりの田舎祭だと毒舌する者もあるが、私はそうは思わない。長崎の豊かなもっともよき時代の美術工芸と、庶民の純粋な感情が一体となって花咲いている。》(「くんち噺」)

※傘鉾(かさぼこ)……踊町の先頭に立つ町印
　商宮律(しゃぎり)…長崎くんち特有の囃子

●太鼓山(コッコデショ)
奉納踊りのひとつ、
一七九九年から続く
樺島町の太鼓山。
昭和四年の絵葉書
(「華の長崎」長崎文献社)

●山高唐人
踊町役員の「正装」は、西洋の山高帽に日本の羽織袴、その下には「唐人パッチ」のまさに「和華蘭」装束だ。田川は、唐人パッチ本来の生地と仕立てを求め「新地に纏足のおばあさんで一人いると聞いて、私は暗い裏だなを探しまわり、やっと誂えたこともあった。」(「山高唐人」)

●精霊流し
故人を思いながら作った船を、爆竹の音とともに盛大に流す。お墓で花火や飲食をすることも含め、長崎のお盆には中国の大きな影響が感じられる。「ともに陽気で明かるく、現実的で、現世肯定的で、日本のいかなる都市にもその類例をみない」(「現世精霊」)

《長崎まつり暦》
旧暦1月1日~15日　長崎ランタンフェスティバル
3月下旬~5月上旬　ハタ揚げ
4月下旬　長崎帆船まつり
7月下旬　ながさきみなとまつり
　　　　　ペーロン選手権大会
8月13日~15日　お盆(15日 精霊流し)
旧暦7月26日~28日　崇福寺・蘭盆勝会(中国盆)
10月7日~9日　長崎くんち
10月14、15日　若宮稲荷・竹ン芸

●ランタンフェスティバル
新地中華街の春節祭が、長崎の冬の一大風物詩となった。メイン会場のオブジェやイベントのほか、裏通りにまで揺れるランタンの灯が、この上ない風情を醸している

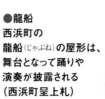

根を伸ばす

ピナテルも歩いた出島の旧神学校の向かいに、壁いっぱいのガラス窓が印象的な「日新ビル」が建っている。番地を記したプレートには、明治後期に出島周辺が埋め立てられてできた「千馬町（→p.66）」と刻まれており、長崎でもかなり古いビルのひとつだ。そのひんやりとした通路沿いの一室に、田川憲と出会える場所がある。

田川の孫である俊（たかし）さんと妻の由紀さんは、祖父の作品のために開いたギャラリーを「十字薔薇の窓（→p.58）」から「そうび」と名付けた。展示するのは一点、あるいはごく絞られたテーマの数点だけ。二ヶ月ごとに入れ替わり、作品の販売はしない。あまり聞いたことのないスタイルだが、すべては祖父が長い時間と思いを込めた作品を、ゆっくりと集中して見てもらうためだ。関連する手記が添えられているので、絵と文を行ったり来たり、作品の中に分け入り、心の中に降りていくような感覚を味わえる。いつしか、そのひとときを楽しみにする人も増えてきた。

多くの「失われゆくもの」を描いた田川の作品は、一見すれば「なつかしい長崎の風景」かもしれない。しかし一棟の洋館の姿にも、長崎の歴史や住んでいた人の生活、それを描き残そうとする版画家の思索と愛惜までもが刷り重ねられている。「祖父の作品は、本当は難しい。でも、しっかり見て、考えていけば、きっと新しい世界が開かれるはず。それをみなさんと共有していきたいと思っています」俊さんが在廊する時は、作品についてのより詳しい解説やエピソードを聞かせてくれる。

大きなパネルの田川は横顔で「やがて私は消える。そしてあとには一本の木が植えられる。しかしそれでよいではないか。」と言う。その木はいま、古いビルの小さな部屋で、たしかな根を伸ばしている。

●お店は電車通り側（出島側からも通じている）

●由紀さんがプロデュースする小物や、ポストカード、作品をパッケージにしたお菓子が人気。『長崎手帖』（→p.86）を手に取って見られるのもうれしい

●田川憲アートギャラリー　Soubi'56
長崎市出島町10-15　日新ビル106号室
金土日11:00〜18:00営業
095-895-7818

●白い木の魚

より深く歩くために

歩けば歩くほど、知りたいことが見つかる長崎の町。
これまで紹介したコースで歴史の流れに沿って歩いたあとは、
興味があるテーマの資料館やスポットをあらためて訪れてみよう。

◇日本二十六聖人記念館
二十六聖人をはじめとする、西坂での殉教者の記録や遺物を展示。フランシスコ・ザビエルや中浦ジュリアンの自筆書簡のほか、他地方のキリシタン資料も充実している。殉教地である公園は、カトリックの公式巡礼地。様々な意味と意匠が込められた建物もゆっくり見たい。
長崎市西坂町7-8
9時～17時
年末年始休
095-822-6000

◇長崎歴史文化博物館
長崎の歴史や鎖国時代の貿易の様子、人々の暮らし、近代化などについてじっくりと。長崎で生まれた美術工芸品にも目を奪われる。階段や石垣の一部は、長崎奉行所立山役所のもの。長崎らしいグッズや書籍が揃うショップ、老舗レストラン「銀嶺」を併設。
長崎市立山1-1-1
8時30分～19時
第三月曜休
095-818-8366

●長坂と踊馬場
くんちの日には、普段の静寂からは想像できない熱気があふれる

◇諏訪神社
諏訪、住吉、森崎の三柱が祀られる長崎の産土神。秋の大祭「長崎くんち」の際には、参道の「長坂」が観客席となる。境内の様々な狛犬、隣接の「長崎公園」にはいくつもの文学碑、ピエール・ロティの記念碑、小さな動物園までもがあり、散策が楽しみ。ぽた餅が名物の「月見茶屋」でひとやすみできる。
長崎市上西山町18-15
参拝自由
095-824-0445

◇サント・ドミンゴ教会跡資料館
一六〇九年に建てられ、一六一四年の禁教令によって破却されたドミニコ会の教会遺構。教会時代の石畳や排水溝、後の代官時代の井戸や礎石、花十字紋瓦などの出土品が展示されている。
長崎市勝山町30-1／9時～17時
月曜、年末年始休／095-829-4340

◇大浦天主堂（国宝）

正式名称は「日本二十六聖殉教者聖堂」。西坂に向けて建てられ「信徒発見」の場となった。旧羅典神学校・旧大司教館に開設されたキリシタン博物館でより詳しい歴史を学べる。

長崎市南山手町5-3
8時～18時
（冬季8時30分～17時30分）
無休
095-823-2628

◇出島

鎖国時代の西洋への窓口は、十九世紀初頭の姿を目指して復元が進められている。カピタン部屋など十六棟が完成しており、当時の出島を歩く気分が味わえるだろう。明治期の建物もあり、歴史の移り変わりも感じられる。

長崎市出島町6-1
8時～21時
（冬季など変更あり）
無休
095-821-7200

◇長崎市南山手地区町並み保存センター

明治中期に建てられた洋館を活用した資料館で、田川憲の版画も十点ほど展示。明治中期の南山手と東山手一帯を再現した模型は、当時の地形や道路、建物の形も再現されており、版画と見比べるのも楽しい。

長崎市南山手町4-33
9時～17時
月曜（祝日除く）
年末年始休
095-824-5341

◇グラバー園

日本最古の木造洋風建築であるグラバー邸や、石造りの旧オルト邸、見晴らしの良い旧三菱第二ドックハウスなどが立ち並ぶ。季節ごとの植物をめぐるのもおすすめ。長崎伝統芸能館では、長崎くんちの龍や船が展示されている。

長崎市南山手町8-1
8時～18時
無休
095-822-8223

◇唐寺

江戸時代初期に華僑が建立した黄檗寺院。出身地ごとに崇福寺は福州寺、興福寺は南京寺、福済寺は漳州寺（泉州寺）と呼ばれた。のちに建てられた聖福寺と合わせ、長崎四福寺とされる。

・福済寺

国宝だったが原爆で焼失した。現在は巨大な長崎観音が立つ。
長崎市筑後町2-56
7時～17時／拝観自由
095-823-2663

・興福寺

隠元禅師ゆかりのお寺。四季折々のしつらいと茶菓で一息つこう。
長崎市寺町4-32
8時～17時／無休
095-822-1076

・崇福寺

第一峰門と大雄宝殿は国宝。重要文化財、有形文化財多数。
長崎市鍛冶屋町7-5
8時～17時／無休
095-823-2645

・聖福寺

境内の空気にも建物にも、長崎ならではの中国情緒がにじむ。
長崎市玉園町3-77／拝観自由
095-823-0282

※各施設とも感染症拡大予防対策などにより、開館時間が変更される可能性があります。最新情報をHPなどでご確認の上、お出かけください。

◇長崎原爆資料館
世界で二発目の原子爆弾は、なぜ投下され、なにを引き起こしたのか。その経緯や被爆の惨状、戦後の復興、世界の核兵器開発と廃絶を求める動きまでを、多くの資料をもとに紹介する。
長崎市平野町7-8
8時30分～17時30分
（5～8月は18時30分まで。8月7日～9日は20時まで）
12月29日～12月31日休
095-844-1231

◇浦上天主堂
原爆により大破した「神の家」は再建され、朝夕に祈りの鐘が響く。堂内の「被爆のマリア」は見ておきたい。信徒会館内には「原爆遺物展示室」があり、被曝した聖具などが展示されている。
長崎市本尾町1-79
9時～17時／無休
※原爆遺物展示室／10時～16時／木曜休
095-844-1777

◇永井隆記念館
「如己愛人」の精神で平和を訴え続けた、永井隆博士の業績を紹介する。戦後、永井博士が子どもたちのために開設した「うちらの本箱」が前身で、いまも二階には図書室が開かれている。
長崎市上野町22-6
9時～17時
12月29日～1月3日休
095-844-3496

◇浦上キリシタン資料館
禁教後も潜伏により信仰を貫き、信徒発見の奇跡、浦上四番崩れと原爆の受難を経た浦上のキリシタンの歴史を伝える。閲覧できる映像資料もあり、小さいながらも見ごたえのある資料館だ。
長崎市平和町11-19
10時～17時
月曜休
（祝日の場合は翌日）
095-807-5646

◇長崎県美術館
長崎関連の作品やスペイン美術のコレクションが充実。田川憲の作品も多数収蔵されている。カフェやミュージアムショップも人気だ。隣接する「水辺の森公園」は、港を一望する憩いの場となっている。
長崎市出島町2-1
10時～20時
第二・四月曜休（休祝日の場合は翌日）
12月29日～1月1日休
095-833-2110

◇稲佐山
展望台からは、大陸へと続く海、長崎以前にポルトガル船が入った福田、長崎の町と港、浦上そして大村湾までもが見渡せる。麓からはロープウェイ、中腹駐車場からはスロープカーが運行している。
長崎市淵町407-6　※ロープウェイ・スロープカー／9時～22時（15～20分間隔運行）095-861-7742（公園・スロープカー）／095-861-3460（ロープウェイ）

※各施設とも感染症拡大予防対策などにより、開館時間が変更される可能性があります。最新情報をHPなどでご確認の上、お出かけください。

「ながさき開港450年めぐり」ブックガイド

読んで歩いて、また読んで。そのたびに違った景色が見えてくる。本書でも参考にしたおすすめの本をご紹介しよう。現在は入手困難なものもあるが、図書館などで、ぜひ手に取ってみてほしい。

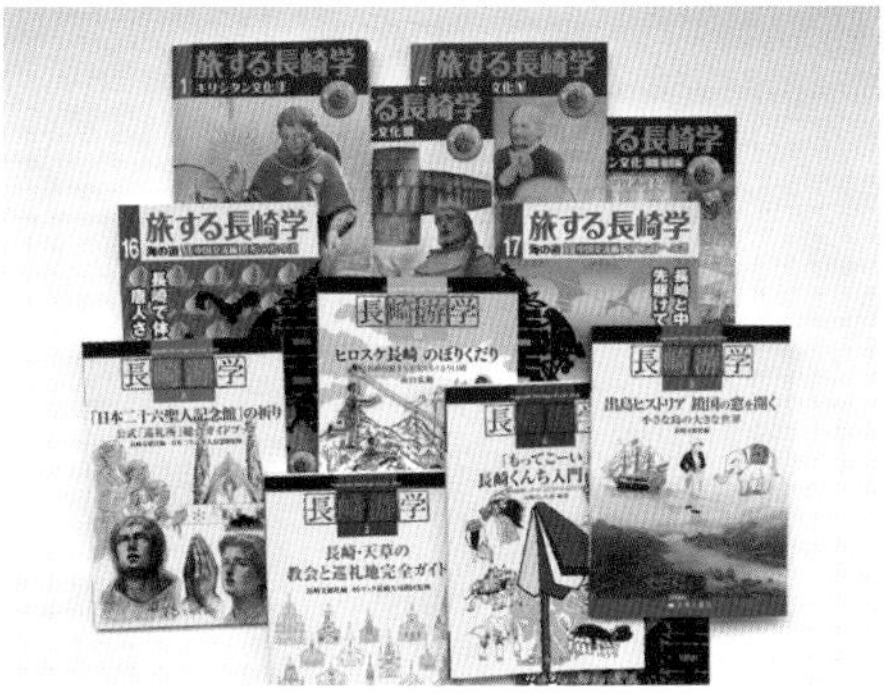

◆「旅する長崎学」「長崎游学」シリーズ
　長崎文献社
　キリシタンの歴史や文化、近代化への道などをテーマに、長崎を旅したくなる「旅なが」シリーズと、教会ガイドや平和学習、文学散歩やくんちなどを楽しむ「游学」シリーズは、コンパクトながら密度の高いロングセラーだ。長崎のまち歩き第一人者「ヒロスケさん」のガイドは必携!

◆「新長崎市史」長崎市
　市政百二十周年を機に、五年がかりで編纂された「自然・先史・古代・中世編」「近世編」「近代編」「現代編」の全四巻。政治経済から人々の暮らしまで、新たな研究成果も踏まえながら網羅している。まずは、おもな項目をわかりやすくまとめた『わかる!和華蘭～『新長崎市史』普及版～』をどうぞ。

◆「田川憲版画集 長崎東山手十二番館」　形象社／1973年
　没後、田川を愛する人々によって作られた画集。個人蔵のものを含めた多くの作品と、新聞などから丹念に集められた田川の文章が収録されている。詩やイメージをもとにした「酔いどれ船」や「十字架鮫」シリーズ、長崎以外の土地を描いたものなど、本書では紹介できなかった作品も見ることができる。入手は困難（たまにオークションに出る程度）だが、長崎市立図書館などで閲覧可能。

◆「田川憲／長崎の美術6」　長崎県美術館／2018年
　長崎県美術館で開催された「長崎の美術6　田川憲展」の図録。美術館収蔵品を中心に、代表的な作品から戦前の同人誌に掲載されたものまで幅広く掲載。解説や年譜も充実している。

◆「大航海時代の日本人奴隷　アジア・新大陸・ヨーロッパ」
ルシオ・デ・ソウザ　岡美穂子／中央公論新社／2017年
一口に「開港」「貿易」「外国との交流」と言っても、その実状は想像をはるかに超えて複雑かつ多様だった。日本から「奴隷（これも一般的なイメージとは大きく違う）」として海外に渡った人たちや、ポルトガル人として長崎に来たユダヤ人のことなど、あまり知られていない鎖国以前の長崎の様子が垣間見える。（2021年増補版発行）

◆「教会領長崎　イエズス会と日本」　安野眞幸／講談社／2014年
開港して十年も経たない一五八〇年、長崎はイエズス会に寄進された。秀吉が直轄地とするまでの七年間、教会領としての長崎はどんなところだったのだろう。教会の鐘が響くかたわらで、要塞が築かれ、武装兵がいて……!?　イエズス会内部の事情や対立、変化などもひもときながら考察する。

◆「復元!　江戸時代の長崎」　布袋厚／長崎文献社／2009年
最古の「寛永長崎港図（→p.26）」や、古版画としてもよく知られる「享和二年肥前長崎図」、巨大な「長崎総町絵図」などを現代の地図に投影し、江戸時代の長崎の姿を浮かび上がらせる。古い町割りが残る長崎なので簡単かと思いきや、途方もない調査と作業の末に生まれた労作だ。

◆「旅する出島」　山口美由紀／長崎文献社／2016年
鎖国時代の西洋へ、閉ざされながら開かれていた不思議な島。いま復元計画が進められている出島を、出島復元整備室の学芸員である著者があらゆるテーマで紹介する。事実や研究は押さえつつも、全編楽しみながら読める構成がうれしい。食や工芸なども取り上げられ、出島に生きた人たちが身近に感じられる。

◆「川原慶賀の『日本』画帳～シーボルトの絵師が描く歳時記」　下妻みどり／弦書房／2016年
「シーボルトのカメラ」と称される出島出入り絵師・川原慶賀。総数一万点ともいわれる作品は、ほとんどがオランダ・ライデン国立民族学博物館など海外にある。人々の生活を描いた「歳時記」と「人の一生」のシリーズなど約二百点を、ほぼ同時代に書かれた野口文龍による「長崎歳時記」の現代語訳や、出島商館長メイランの記録を添えて紹介する。

◆「復元! 被爆直前の長崎」 布袋厚
長崎文献社／2020年
「江戸時代」に続き、原爆投下直前の長崎の町を地図上に「復元」する、ふたたびの大労作。当時の村や郷、字名にとどまらず、判明する限りの軍事施設や官庁、工場、会社や商店名までもがマッピングされている。

◆「長崎・明治洋館」 小林勝／1993年
長崎に生まれた著者が、長崎を理解する「手がかり」として、四十年以上、五万枚を超えるフィルムに収めた「洋館」の集大成。いまは無きものも多いが、一軒一軒の詳細な記録とともに、洋館が生きた証となっている。田川の作品と見比べるのも楽しい。表紙は「オークションの店(p.22)」だ。

◆「アルバム長崎百年 華の長崎
秘蔵絵葉書コレクション」
ブライアン・バークガフニ編
長崎文献社／2005年
開国後、外国人向けのお土産物として数多く作られた絵葉書を丹念に収集。おもな建築物や名所をはじめ、市場や祭りの様子など、明治から大正、昭和、戦中戦後までの長崎が、まさに「アルバム」のように現れる。

◆「私の長崎地図」 佐多稲子／講談社文芸文庫／2012年
明治三十七年に八百屋町(→p.29)で生まれた佐多稲子が、十二歳までの多感な時期を過ごした長崎を、作家ならではの感性と筆致でよみがえらせる。街や祭りの賑わい、混血児の同級生のことなどは、個人の記憶を超えた記録でもある。

◆「紫の履歴書」新装版 美輪明宏／水書坊／1992年
丸山のそば、本石灰町(→p.44)のカフェー経営の家に生まれ育った美輪明宏の自伝。上京までの十五年間は、舶来品に囲まれた華やかな暮らしや、花街の大人たちの悲哀、被爆時の「地獄」など、これまた貴重な「長崎の生活史」となっている。

◆「ペコロスの母に会いに行く」 岡野雄一／西日本新聞社／2012年
認知症の母との日々を描き、映画や舞台にもなった大ヒット作。揺らぎゆく母の記憶の玉手箱から、賑わう市場や中通り、港の連絡船、坂段の町……なつかしい長崎があふれてくる。作者の記憶と創作を交えたエッセイも味わい深い。

◆「長崎石物語」 布袋厚／長崎文献社／2005年
石畳や石橋、町を囲む山々の岩……物言わぬはずの石たちの語りが聞こえてくる「石版・聞き耳ずきん」のような一冊。ライフワークとして長崎の自然を見つめ続ける著者が、町中の石垣から長崎火山まで、綿密な調査研究をもとに、歴史的な面白さも交えながら解説してくれる。

◆「樂」イーズワークス
時に正面、時に意外な角度からの特集を中心に、長崎を「知る、遊ぶ」季刊誌。雑誌の多様性と、専門誌の深さをあわせ持つ読みごたえで「日本タウン誌・フリーペーパー大賞」をたびたび受賞している。地元クリエーターならではの熱や視点が生きる写真や文章も魅力的だ。

おわりに

●最后のかくれきりしたん

長崎の歴史は、途切れやすい。

キリシタン、禁教、出島、唐人屋敷、外国人居留地、原爆、あるいはくんち……と、特別なできごとやテーマがいくつもあるので、時代を追っていたつもりでも、いつしかそれぞれの面白さに気を取られてしまう。

本書の五つのコースで紹介してきたことがらは、長崎の歴史について書かれた本なら普通に載っているものばかりで、特にめずらしいものではない。ただ、それらを四百五十年の時の流れに添いながら素直につないだこと、それをたどりながら歩こうとしたことは、これまでにない試みだったのではないだろうか。

実際に歩いてみることにこだわったのは、この町に生きた人々と、ほんのひとときでも重なりたかったからだ。彼らとおなじ道を、おなじ歩幅で歩くとき、町の様子は違っても、見上げた先の山々の線や、季節ごとの空気の匂いなどから、時の扉が開いていく。本を読み、頭で考えるのとは違う歴史や、人々の思いを感じることができるだろう。

たとえば江戸初期までは、キリシタンだった住民と、禁教・弾圧を生きた人は「同一人物」であった。生身のひとりの人間が、信じるものを棄て、愛するものの姿を踏んで生きながらえるとき、そこにはどれほどの葛藤や屈折があったろう。しかし、それが意識的かつひとつながりに書かれることは、あまりなかったように思う。「くんち」の起源が典型的な例だ。これは往々にして「キリシタンを抑えるため」とのニュアンスで語られる。江戸後期の本には「征伐のため」とさえ書かれている。しかし「抑え」られ「伐」たれた人がだれだったのかをよく考えてみれば、その言い草はあまりに「他人事」ではないだろうか。

一方で、それを深く見つめることは、あまり愉快なことではない。信仰にまつわることだけでなく、戦争や原爆、外国人についてのことなど、この町にはまだ、受け止めきれないままになっているものがありそうだ。裏を返せば、人間の悲しさや深さ、愛しさ、希望までもが眠っているのだとも思いたい。長崎には、まだたくさんの汲むべきものがある。

田川憲は、そんな、「眠れる長崎」を、強く感じながら描いていたのではないかと思う。それはまた、筆やペンなら一瞬で通り過ぎたところを、木と刀でゴツゴツと歩きながら見つけたものでもあったろう。だからこそ、一枚の版画が長崎を歩くための地図となり、道しるべとなってくれる。

田川の遺作は、かつて樫山地区（当時は西彼杵郡三重村）で訪ねた潜伏キリシタンの末裔を描いた「最后のかくれきりしたん」だ。圧倒的な存在感の人物と、謎めいた魚、茨のような背景が、これ以上太くはできないほどの線で黒々と迫ってくる。長崎の町の風景ではなく、幻想的なイメージでもなく、あらゆる意味で異色の作品であり、遺作にして新たな世界を予感させる。死の一年前、万全ではなかったはずの体で、硬い桜の一枚板に問いかけた一刀一刀には、なにが込められていたのか。田川の画の多くには、それに呼応するような文章があるが、これについては残されていない。だとすれば、ここから広がるはずだった長崎の風景は、私たちが自分の目と足で探していくものなのだろう。田川の作品とともに歩いた本書が、そのきっかけになることを願っている。

長崎の四百五十年をたどる旅は、コースを編んだ私自身、歩き終えた時には予想もしていなかった感覚と感情に包まれた。スペインのサンティアゴ・デ・コンポステーラ巡礼には遠く及ばないかもしれないが、長崎の町と歴史を歩くこの道は、人間を感じ、考えるひとつの「巡礼路」となる可能性を秘めている。本書が長崎市の「長崎開港４５０周年記念連携補助事業」に選ばれたのも、その兆しではないだろうか。読者のみなさんが実際に歩いてたしかめてみていただければ、これに勝る喜びはない。

本書を作るにあたり、田川俊氏、田川由紀氏には、作品の使用を快諾いただいたことに加え、折にふれ貴重なお話をうかがうことができた。また、長崎文献社の堀憲昭氏をはじめ、多くの方のお力添えがあった。心より感謝申し上げたい。

二〇二二年三月十六日　どよもす町を思いながら　下妻みどり

花の風土

ながさき
開港450年
めぐり

田川憲の版画と歩く
長崎の町と歴史

●表紙「三菱炭砿社桟橋街灯」の下絵

長崎市小曽根町で高島炭鉱の業務を行っていた「三菱合資会社長崎支店」そばの桟橋の街灯を描いたものと思われる。洋館造りの建物は「炭坑舎」として昭和六十年まで存在したが、街灯が写る写真は見つかっていない。下絵には「昭和九年写」とあるので、戦時の金属供出で失われたのだろうか

［著者（写真・構成）］下妻みどり
長崎の歴史や生活をテーマに、執筆や講座などを行う。
著書『川原慶賀の「日本」画帳～シーボルトの絵師が描く歳時記』（弦書房刊）、
『長崎迷宮旅暦』『長崎おいしい歳時記』（書肆侃侃房刊）。
長崎市中央公民館講座「少女たちの長崎地図」「『長崎手帖』をよむ」。

［デザイン］Y.S.studio 重宮義之

［田川憲作品提供］田川家

［図版・写真提供］長崎県美術館／長崎歴史文化博物館／堀田武弘／興福寺／長崎市南山手地区町並み保存センター

［作品撮影］山口写真館

［Special thanks］田川俊／田川由紀／本田邦子／大田由紀／下妻克敏・路美子

ながさき開港450年めぐり　田川憲の版画と歩く長崎の町と歴史
長崎開港450周年記念連携補助事業

発行日	2021年4月27日 初版第1刷　2021年8月9日 第2刷
著者	下妻みどり
発行人	片山仁志
編集人	堀憲昭
発行所	株式会社　長崎文献社 〒850-0057 長崎市大黒町3-1　長崎交通産業ビル5F TEL:095-823-5247　FAX:095-823-5252 HP:http:/www.e-bunken.com
印刷	日本紙工印刷株式会社

ISBN978-4-88851-360-9 C0026

まだ見たことのない
特別な長崎に
逢える場所。
長崎を箱庭のように眺めることができる絶好のロケーションに佇むガーデンテラス長崎ホテル&リゾート。
オーシャンビューのゲストルームから外を眺めると、世界新三大夜景である長崎の煌めく街の明かりが海面に映り込む
幻想的な風景が広がる。また、豊かな自然と温暖な気候に恵まれた四季折々の旬を楽しめる「食の宝庫」長崎ならではの
山海の幸を使った料理を、施設内にあるテーマの異なった4つのテストランで味わい尽くす。
ゆったりとした時が流れる、「ここにしかない極上の長崎」をご体感ください。
GARDEN TERRACE NAGASAKI
HOTELS & RESORTS
ガーデンテラス長崎ホテル&リゾート
〒850-0064 長崎県長崎市秋月町2－3 TEL.095-864-7777
メモリードグループのリゾートホテル（九州）
長崎ロイヤルチェスターホテル
長崎県長崎市
長崎あぐりの丘高原ホテル
長崎県長崎市
ホテルフラッグス諫早
長崎県諫早市
ヴィラテラス大村ホテル&リゾート
長崎県大村市
ホテルフラッグス九十九島
長崎県佐世保市
九十九島シーサイドテラス ホテル&スパ花みずき
長崎県佐世保市
五島コンカナ王国ワイナリー&リゾート
長崎県五島市
雲仙湯守の宿 湯元ホテル
長崎県雲仙市
武雄温泉 森のリゾートホテル
佐賀県武雄市
ガーデンテラス佐賀ホテル&マリトピア
佐賀県佐賀市
ガーデンテラス福岡ホテル&リゾート
福岡県福岡市
ガーデンテラス宮崎ホテル&リゾート
宮崎県宮崎市
メモリードグループ
http://www.memolead.co.jp
総合本部 長崎県西彼杵郡長与町高田郷1785-10 TEL.095-857-1777
株式会社メモリード［九州］
本社／長崎県長崎市稲佐町2-2 ☎095-857-1777
福岡事業部／福岡県福岡市中央区警固3-1-7 ☎092-737-7000
佐賀事業部／佐賀県佐賀市天神1-1-24 ☎0952-97-8883
株式会社メモリード［関東］
本社／群馬県前橋市大友町1-3-14 ☎027-255-1777
埼玉事業本部／埼玉県川越市広栄町11-9 ☎049-241-0969
メモリード東京／東京都世田谷区砧2-4-27 ☎03-3749-1246

おとしゃまと一緒に

長崎弁を声に出して読んでみよう！

初版限定
ふろく付！

たのしい4コマママンガと
解説はふりがな付き

ひみつノートを持って
街に飛び出そう！

ヒロスケ ながさき100のひみつ

山口広助 監修

今、長崎の街で話題のこの一冊、子ども向けと侮るなかれ、実は長崎での暮らしの基礎知識や人に自慢できるネタがギュッと詰まった恐るべき長崎ディクショナリーなのです。

案内役はしっぽの曲がった小学３年生の猫「英彦くん」と、物知りな「おとしゃま」。

４コマママンガだからスイスイ読めるし、フリガナ付きなので長崎ビギナーにも役に立つ、おまけにひみつノートのふろく付（初版限定です！）。

「知ってるつもり」の長崎の、知られざるひみつを深掘りするべし、するべし。

定価 1,650 円（税込）

A5 判　並製　160 頁
ISBN978-4-88851-359-3

長崎文献社

株式会社長崎文献社　〒850-0057　長崎市大黒町 3-1-5F
TEL095-823-5247 FAX095-823-5252